玩转众筹 *让梦想照见现实！*

吴相松 编著

玩转众筹一本通

众筹改变生活　众筹改变世界

"互联网+"时代的融资思维

人民邮电出版社

北京

图书在版编目（CIP）数据

玩转众筹一本通 / 吴相松编著. -- 北京：人民邮
电出版社，2016.7
ISBN 978-7-115-42401-3

Ⅰ. ①玩… Ⅱ. ①吴… Ⅲ. ①融资模式—研究 Ⅳ.
①F830.45

中国版本图书馆CIP数据核字(2016)第112705号

内 容 提 要

"众筹"是当下国内的热点话题。在社会化营销时代，众筹模式因为其本身所蕴含的艺术和梦想的气质给我们提供了太多的想象空间，众筹到现在早已超越了融资这一范畴，其中可能会涉及关于营销、娱乐、聚会等各个方面。只要你的想法能够得到大家的认可，在众筹平台上，大家就可以帮你实现梦想。

本书站在市场前沿，回眸众筹历史，描述众筹的当下图景，理性分析众筹模式的革命性，让大家对众筹有一个全面而深入的认识，并且告诉读者如何在众筹时代实现自己的掘金梦，以及如何在玩转众筹的过程中规避各种风险。

◆ 编　　著　吴相松
　　责任编辑　李永涛
　　责任印制　杨林杰

◆ 人民邮电出版社出版发行　　北京市丰台区成寿寺路 11 号
　　邮编　100164　电子邮件　315@ptpress.com.cn
　　网址　http://www.ptpress.com.cn
　　大厂聚鑫印刷有限责任公司印刷

◆ 开本：700×1000　1/16
　　印张：13
　　字数：192 千字　　　　　　　　　2016 年 7 月第 1 版
　　印数：1 - 3 000 册　　　　　　　2016 年 7 月河北第 1 次印刷

定价：39.00 元

读者服务热线：**(010)81055410**　印装质量热线：**(010)81055316**
反盗版热线：**(010)81055315**
广告经营许可证：京东工商广字第 8052 号

前　言

众筹，自古有之，但是作为商业模式，却是在互联网发展中渐渐形成的。最初，众筹并不是为了盈利，只是为完成某些社会公益事业和活动；如今，众筹不再仅限于非盈利性领域，它正成为商业和社会企业家的新宠儿，越来越受到主流人群的关注。

随着互联网技术的普及，众筹模式开始走进商业、走进小微企业。最近几年，众筹开始涉足音乐、游戏、电影、科技等领域，并取得了良好的经济效益，在社会上掀起追梦、创新和创意的潮流。业内人士通过长期的研究发现，众筹模式为社会创造了价值，已经成长为一种新的商业模式。

俗话说："众人拾柴火焰高。""众筹"，说得直白点，就是一群人，借助互联网，支持另一个人干一件事。这种支持可以是实物的，也可以是货币的。即通过群众筹钱，来支持发起人或组织者的行为。众筹的最大特点是任何人都可以出资，投资者不是某个财大气粗的金融机构，而是很多普通人。一群陌生人因为对一个创意或项目的共同赏识走到一起，让这个创意或项目有了能够实现的可能。

如今，在互联网金融快速发展的浪潮下，众筹模式得到了越来越多人的认可，与此同时，其自身的平台价值和其发展潜力也不断地受到资本市场的追捧。点多面广的融资方式降低了投资风险，使得小钱可以办大事，人人可以做老板。在众筹之下，拥有梦想和专业技能的人可以充分发挥个人能动性，在众筹的组织中极大地实现个人价值。众筹可以解决个人创业资金短缺的问题，可以改善小微企业在存活期和成长期资金流量紧张的情况，不仅如此，还有人通过众筹探索家族企业未来的发展路径。相对于传统的融资模式，融入更多互联网元素的众筹模式无疑能够得到更多的关注和支持。

我国众筹融资起步较晚，但发展迅速，许多传统企业或创业者通过众筹平台找到了新的融资模式，然而，目前众筹模式在国内依然处于一个探索的阶段，成功的案例不少，失败的案例也很多。大众不缺乏对众筹这一新的商业模式的热情，缺乏的是真正对众筹的认识、操作的指导性建议。为了让更多人理解并参与到众筹行业中，重构传统产业、经济结构和社会生活，实现众多普通人的创业及投资梦想，本书回眸众筹历史，描述众筹的当下图景，理性分析众筹模式的革命性，让大家对众筹有一个全面而深入的认识，并且告诉读者如何在众筹时代实现自己的掘金梦，以及如何在玩转众筹的过程中规避各种风险。

作者

2016 年 3 月

目　录

第一章

众筹真相——揭开众筹的神秘面纱

在互联网时代，众筹由普通的捐赠行为逐渐成长为一种商业模式，为商业、企业带来了财富，为社会创造了价值，也有了更多的生长空间。但是，众筹到底是什么？可能很多人依旧道不清，说不明。对于众筹这个概念，也许只有深入其中，你才会实实在在地摸透它，理解它。本章将从最基本的东西讲起，让大家对众筹有个深刻的认识和了解。

众筹是什么

突如一夜春风来。不知从什么时候开始，众筹已经悄悄走入人们的生活。从众筹咖啡馆的遍地开花，到众筹网站的竞相开办，从阿里巴巴的"淘心愿"，百度的"众筹频道"，再到以"凑份子"为名的京东众筹……众筹的影响力以极速蔓延之势波及商业的各个角落。每个听到这个概念的人，无论最终做出怎样的结论，都会眼睛亮闪闪地对众筹一问究竟。

到底什么是众筹?

众筹的英文叫"crowdfunding"，顾名思义，就是利用众人的力量，集中大家的资金、能力和渠道，为小微企业、艺术家或个人进行某项活动等提供必要的资金援助。也就是"大众筹资"，香港叫"群众集资"，台湾称"群众募资"，它是一种向群众募资，以支持发起的个人或组织的行为。在互联网创业行业里，"众筹"这一概念又被赋予了更加广阔的延伸——让民间的闲散资金进入创业企业。

一、众筹的 4 大类型

众筹按照回馈方式的不同可分为 4 大类型：债权众筹、股权众筹、回报众筹和捐赠众筹。

1. 债权众筹（Lending-based crowd-funding）：类似于创意者就未来创意项目向投资人借款，即双方为借贷关系，当项目完成或有阶段成果时或之后，须向投资者返还所借款项，可以加入利息。简单来说就是，我给你钱你还我本金和利息。

2. 股权众筹（Equity-based crowd-funding）：投资者对项目或公司进行投资，获得其一定比例的股权。简单来说就是，我给你钱你给我公司股份。

3. 回报众筹（Reward-based crowd-funding）：投资者对项目或公司进行投资，在项目完成后给予投资者一定形式的回馈品或纪念品。回馈品大多是项目完成后的产品，时常基于投资者对于项目产品的优惠券和预售优先权。简单来说就是，我给你钱你给我产品或服务。

4. 捐赠众筹（Donate-based crowd-funding）：投资者对项目或公司进行无偿捐赠，不求任何回报。简单来说就是，我给你钱你什么都不用给我。

二、众筹构成的三要素

众筹是由发起人（筹资人）、支持者（出资人）、众筹平台（中介机构）构成的。通常来说，众筹的发起人是有创造能力但缺乏资金的人，这类人的身份主要有小企业主、艺术家、设计师等自由职业者；众筹的支持者是那些对筹资者的故事和回报感兴趣的，有能力支持的人，这类人的身份主要是城市中的一些白领阶层，他们对于新生事物的接受能力较强，且有一定的闲置资金；而众筹的平台则是连接发起人和支持者的互联网终端，绝大部分是通过网站的形式，展示发起人的创意和资金需求，并给支持者提供一个了解发起人资信、跟踪项目过程的窗口和渠道。在这种商业模式下，任何人都可以成为大众投资者，因为众筹平台的准入门槛很低。

三、众筹的运作模式

众筹是一种基于顾客需求的商业模式，这种模式很早就已经存在了。而随着互联网的发展，通过众筹平台，互联网连接起了全世界的顾客与项目发起人，每个人都可以是其中的一员。

下面，我们以《快乐男声》电影的众筹实例来看一下如何进行一次成功的众筹。

2013 年 9 月 27 日，上海天娱传媒有限公司在众筹网上发起了一项以"2013 快乐男声主题电影"为主题的众筹项目。按照计划，此项目必须在 20 天内筹集到 500 万元才可成功，即达到 500 万元后电影将于 2014 年在影院上映，项目失败，电影则将被留作资料，筹集资金将被返还。整个《快乐男声》电影众筹项目被分为 60 元、120 元、480 元、1200 元 4 个不同等级，支持者在支付相应的金额后，会得到不同数量的电影票和电影首映礼的入场券，当日购票数量最高者还可以得到与"快男"亲密接触的机会。在此项目上线起，购买数量最多的是 120 元等级，该等级可以获得电影票两张和电影首映礼入场券两张，共有超过 1.8 万名粉丝购买。在项目动态中，有 400 多位粉丝留言，表达了对《快乐男声》电影上映的期待，并希望首映礼能够安排在自己所在的城市。截至 10 月18 日，该项目已经筹集到了超过 501 万元的电影预售票房，共获得超过2.8 万粉丝的支持，完成了众筹目标。12 月 4 日，这部众筹电影在万众瞩目中展开了拍摄工作。2014 年 6 月 19 日，这部电影在上海首映，而购买电影票的网民也获得了预期的回报。至此，该电影的众筹活动正式结束，画上了圆满的句号。

从这个实例中可以看出，众筹模式主要分为两个阶段：第一，在筹资阶段，发起人通过互联网平台展示自己的创意和资金需求，明确筹资期限和金额。支持者如果对该项目感兴趣，可以通过网上支付的方式向互联网平台指定账户汇出资金，在筹资期限届满前此资金由互联网平台保管。筹资项目必须在发起人预设的时间内达到或超过目标金额才算成功。如果达到或超过目标金额，发起人可通过互联网平台获得支持者的资金；如果未能达到目标金额，发起人需要在一定的时间内通知平台退回已经取得的支持者的资金。

第二，在筹资成功进入项目执行阶段后，发起人需按照公布的用途和项目计划使用资金。筹资项目执行成功后，支持者将得到发起人预先承诺的回报，回报方式可以是实物，也可以是服务；如果筹资项目未能按计划完成，发起人需退还支持者汇集的所有资金。所有的资金流入和流出，都是通过平台的账户进行。同时，平台负责归集资金并督促发起人及时公开项目进展。

简单地说，众筹模式就是向不特定的多数人进行资金筹措的融资模式。如果你是一个有创意、有想法的人，你就可以在众筹平台发布项目，定个目标资金数，让一些感兴趣的人过来赞助。理论上来说，只要你拥有一个现在网友都十分喜欢的项目，如上例"快乐男声主题电影"的众筹，把相关介绍放在众筹网站上，在规定的时间内筹资达到事先设定的筹资目标额度，你就可以得到众筹项目所需的资金了。众筹的这种低门槛、多样性、依靠大众草根阶层的力量、注重创意等特点，使得众筹一出世就迎来了世人瞩目的眼光。

俗话说，众人拾柴火焰高。其实，所谓众筹，就是筹人、筹智、筹乐、一帮不认识的人，因众筹而结缘。在互联网＋时代，每个人都有近乎平等的机会实现美好的梦想。而众筹，或许正是踏着七彩云朵，为了那些希望实现梦想的人们，身披金甲圣衣而来。

众筹的前世今生

说起众筹，其实并不是什么新鲜事物，自古有之。最常见的募集善款修建寺院，说白了就是一种众筹。

但是，这种众筹既没有完整的体系，也没有对投资人的回报，不符合商业模式特征。众筹真正成为一种"商业模式"是在 18 世纪。当时很多文艺作品都是依靠一种叫作"订购"的方法完成的。1713 年，英国诗人亚历山大·蒲柏就是利用这种方式，筹措了翻译出版书籍的资金。当时，他花费近 5 年时间完成注释版的《伊利亚特》。启动翻译计划之前，蒲柏即承诺在完成翻译后向每位订阅者提供一本六卷四开本的早期英文版的《伊利亚特》，并将这些支持者（订阅者）的名字也列在当时的书上。这一创造性的承诺带来了 575 名用户的支持，总共筹集了 4000 多几尼（旧时英国的黄金货币）。这其实是众筹在商业领域中的一次很好的尝试。

随着时间的推移，众筹模式不断地发展和创新，在当今互联网时代，传统融资模式已经被颠覆，新的众筹模式已经到来——互联网众筹。

现在我们所说的众筹，它主要指项目发起人将项目或创意通过互联网向公众展示，争取公众的资金、人脉、管理智慧等。这种大众筹资提供包括公益服务、智能硬件、娱乐演艺、文化出版、农业、艺术等多个领域多个项目，为投资者提供更多选择、更多创新的个性化定制产品和服务的机会。作为一种"预消费"模式，众筹活动主要发生在创意产业领域，筹资人以"创新产品＋线上互动"的形式，向公众募集项目资金。而每一个项目的背后都隐藏着一位有创新精神及创业情怀的发起人，参与者的每一次投资，其实都在帮助他们解决资金上的燃眉之急，实现自己的创业梦想。

众筹是一个舶来品，最早从国外引进，起源于美国网站 Kickstarter。当时有一个叫陈佩里的华裔期货交易员，因为热爱艺术，开办了一家画

廊，还时常参与主办一些音乐会。但 2002 年，他因为资金问题被迫取消了一场在新奥尔良爵士音乐节上举办的音乐会。失落的他，开始酝酿建立一个募集资金的网站。经过漫长的准备和等待之后，2009 年 4 月，Kickstarter 上线了。该网站通过搭建网络平台面对公众筹资，让有创造力的人可以获得他们所需要的资金，以便实现他们的梦想。到 2012 年，上线 3 年的时间里，已经有 177 个国家的发起人在 Kickstarter 上发起募资项目，覆盖全球 90% 的国家和地区，共有 18109 个项目成功募资，成功率达到 85.7%。

近几年，众筹模式在欧美国家迎来了黄金上升期，发展速度不断加快。2012 年，美国《创业企业扶助法》实施后，众筹在美国更是得到了飞速发展，并最终拓展到了全世界。这种模式的兴起打破了传统的融资模式，每一位普通人都可以通过该种众筹模式获得从事某项创作或活动的资金，使得融资的来源者不再局限于风投等机构，而可以来源于大众。

自众筹被引入中国后，很快就落地生根，迅速获得一批创业者的拥护。2006 年，新浪网创始人之一蒋显斌与友人建立了华语纪录片制作平台 CNEX。纪录片是费钱又很难融资的行业，蒋显斌看到国外有很多纪录片通过 Kickstarter 拿到钱，最后拍出的片子还获得了国际大奖。他就问好友张佑："有没有什么办法可以把这种模式移植到中国？"2011 年 5 月，他们合作创办的点名时间网终于上线，开创了国内众筹网站的历史。据其公开数据，上线不到两年就已经接到了 7000 多个项目提案，有近 700 个项目上线，项目成功率接近 50%。截至 2013 年 4 月，点名时间是国内众筹单个项目的最高筹资金额 50 万人民币的保持者。

目前，国内的众筹模式开始出现了"野蛮生长"。统计数据显示，截至 2014 年底，国内已有 128 家众筹平台，覆盖 17 个省。其中，股权众筹平台 32 家，商品众筹平台 78 家，纯公益众筹平台 4 家，另有 14 家股权 + 商品性质的混合型平台。2014 年度，15 家主要商品众筹平台成功完成筹资的项目总数为 3014 个，成功筹款金额约为 2.7 亿元，活跃支持人数至少在 70 万以上。股权众筹方面，可获取的数据显示成功项目有261 个，筹资总额 5.8 亿元。

2015 年 6 月 26 日，为期 3 天的第二届上海互联网金融博览会高峰论坛隆重举行，"众筹家"发布《中国众筹行业报告 2015（上）》称，截至 2015 年 6 月 15 日，内地共有众筹平台 190 家，剔除已下线、转型及尚未正式上线的平台，平台总数达到 165 家。

几年时间，国内的众筹平台增长到 165 家，其增长速度甚为惊人。其原因主要是这种形式适合现在国内经济转型升级的大趋势。相关数据表明，最近一段时间内，国内经济增速整体放缓态势明显，企业开工率不足，国内经济传统的发展模式与如今国人实际需求产生些微背离，国人需求正在向个性化、精细化、创意化、差异化方向转移，工业产品设计、科技、音乐、影视、食品、漫画、出版、游戏、摄影等非主流工业产业逐渐成为市场需求主角，尤其是将互联网思维应用嫁接在传统产业上的市场需求更是火得不得了。面对这种旺盛的市场需求，互联网众筹无疑是大有用武之地，它可以通过在互联网上的传播效应，把一个个看似并不起眼的小创意、小设计、小研发带来的小改变，引起国内外对这一类小改变有兴趣和愿意支持的人的关注，从而将这些小改变落到实处，实现这些有创造能力但缺乏资金的人的创业梦想。

其实，从古至今，无论是传统融资还是互联网众筹都是由多数人出资来提供给少数人，只不过改换了中间人而已。从某种意义上来说，现在的众筹是一种 Web 3.0，是将社会网络与"多数人资助少数人"的募资方式有机结合了起来，通过 P2P 或 P2B 平台的协议机制来使不相识的人之间融资筹款成为可能。

作为国内互联网金融的主要类型之一，众筹目前的行业发展规模虽然不大，与 P2P 动辄数千亿元的资产规模、电商金融化动辄万亿元的平台电商交易额相比，确实还像是襁褓中的婴儿，有很长的路要走。但就是这样一种新颖的投融资服务模式，有可能给我们未来的生产和生活带来巨大的变化，互联网众筹无疑值得我们等待。

众筹的商业意义

众筹是一种社会大众通过互联网为企业或个人发起的项目进行小额投资的新兴的商业模式。作为商业模式，众筹模式完全符合企业价值创造的核心逻辑，即价值发现（筹资人和出资人的投融资需求）、价值匹配（与商业伙伴的合作）、价值获取（与筹资人分成获利）。这种模式将产生巨大的商业价值，同时对社会资源合理配置起到积极的作用。具体来说有以下几个方面。

1．为创业者提供创业平台

对于那些有好的创业点子却苦于无资金的创业者来说，众筹模式可以帮助他们筹集到必要的资金，解决创业的启动资金不够的难题。创业者可以将自己的创业想法在众筹网站上发起一个众筹项目，在项目中详细地将自己的创业构想及创业规划展示给用户，然后设置好回报方式，可以是股权、产品等。一旦你发起项目众筹成功，那么你就可以迅速将众筹来的钱用于实施你的创业计划。如果运气好，还很有可能因为你本身项目依靠众筹模式的传播获得 VC 的关注，进而给你一大笔投资。

2．为具有市场的产品提供重生舞台

通过众筹平台，创作者可以向投资者和消费者展现他的才华和产品，优秀产品不会被轻易抛弃。设计师可以将自己的设计放到众筹平台上接受消费者的检验，如果其作品真的得到大家的好评，具有市场，设计师可以通过众筹平台轻易汇集资金，找到厂家来生产。

3．高科技产品推广的平台

随着移动互联网时代的到来，具有移动化、碎片化、简易化特性的移动智能设备获得了巨大的发展机遇。继智能手机等智能终端之后，可穿戴设备将成为移动互联网发展的明天。由于其市场巨大，很多厂家都在投入资金来进行研发。可穿戴设备需要大量用户进行测试，进行产品功能和外形的改进。而借助于垂直的众筹平台，可穿戴设备可以快速吸引用户参与测试，提供反馈报告，并且通过众筹平台吸引更多的客户注意，为自己的产品进行免费宣传。具有创意的产品同样可以为众筹平台带来客户，增加客户的黏稠度，提高众筹平台的商业价值。众筹平台也可以吸引专业风险投资机构来加入，为这些高科技产品提供资金支持。

4．慈善事业和社会企业的新平台

众筹与公益本身有着天然的契合，都是依靠大众的力量集结资金和资源，加上互联网平台的大数据化、全程透明化，对于慈善公益事业而

言，无疑是一场革命。众筹平台依据其自身特点，很适合发布慈善活动，实现我为人人，人人为我的目标。

成都云公益发展促进会是成都最早一批尝试使用"网络众筹"方式获得善款的公益机构之一。2014 年 11 月，成都市慈善总会与成都云公益发展促进会联合发起救助猪圈女孩"小拥中"的行动，向中国扶贫基金会、腾讯公益提请合作，开通线上募捐渠道。短短 5 天时间，4636 位爱心伙伴筹齐 30 万元善款。到 2015 年 6 月末，成都云公益促进发展会已包装上线了 31 个公益救助项目，筹集善款超过 150 万元。

由此可见，公益众筹通过低门槛的公益捐助方式，可以汇集大众的力量，产生意想不到的筹款效果，帮助特别需要帮助的人群，是现代进行公益慈善所不可缺少的一种方式。

另外，借助于众筹平台，还可以发起多种形式的慈善活动，包括钱款捐助、衣物捐赠、义务支教、技能培训、产品销售、公益培训等。众筹平台的透明性较强，专款专用，有利于提高慈善活动的透明度，同时也有利于大众进行监督，平台可以收集慈善获益方的反馈，推动慈善事业的扩大发展。众筹平台也可以作社会企业产品和服务的展现平台，帮助社会企业进行产品推广，增加人们对于社会企业的关注度，支持社会企业的发展，同时，众筹平台也可以提供资源整合，为社会企业发展提供良好的环境。

5．销售、品牌的传播

众筹模式本身就具有媒体和社交传播的属性。用户在众筹网上看到一个好的项目，通常也会分享到自己的社交媒体上，介绍给朋友，同时一个好的项目本身也具有新闻性，媒体也会进行报道，这些都给产品上市之前提供了免费传播的机会。而且据了解，众筹网站的市场团队有好多来自媒体，这本身就有很大的传播价值。无论是销售，还是品牌的传播，众筹都是一个不错的策略。例如，阿里巴巴联手国华人寿推出的"娱乐宝"，让影视和游戏爱好者们可以用很少的资金来投资，本质上，这是一个理财产品，但是，模式上，这是一个众筹的娱乐类的基金产品。

首先，每个人参与的门槛足够低，例如，影视剧项目投资额为 100

元/份，游戏项目的投资额为50元/份，最高投资额为1000元；其次，参与投资的消费者，一定是对这些产品有预期的，如投资电影《小时代》的人，如果连小说《小时代》都没看过，他是不会投资的。因此，娱乐宝还可以从投资的热度和融资的规模，让片方能够更准确地测算影片的热度并进行票房预期，从而调整其产品的投入产出和运营模式。此外，所有投资人都希望自己能够拿到收益，这些众筹参与者，也会成为口碑传播者和品牌宣传者，如果这样的传播机制建立起来，这些投资人也变成了产品的市场推广人。所以在很多人看来，众筹的核心是传播，而非筹资。围绕众筹，可以从投资到传播再到出品，建立一个新的人人可参与的闭环商业模式。

6．维持、扩展社交圈

物以群分，人以类聚。众筹还可以打造专业的社会圈子，利用认知盈余，开启人人时代。一个好的项目，不但需要一定的资金，还要有人脉和团队的参与。通过网上众筹，你可以找到跟你有同样想法的人，跟你一起创业，这为你的创业成功增加了重重的筹码。另一方面，支持人中，很多人或许就有"关系"，可以帮助你解决一些看起来比较头疼的问题。众筹平台利用其平台优势，将创业人才和资金用户连接起来，有利于创业者自身事业的发展和产品的完善，同时也有利于社会资源的整合，为投资者提供投资平台，为愿意帮助别人的人提供舞台。早期的比较火的咖啡馆众筹算是一种社交众筹，大家希望在工作之余有一个社交、休息之所，后来就慢慢有了活动、单身社区众筹等项目。通过众筹的方式，不仅可以扩展社交圈，而且可以带来更多的参与感，为社交创造更多的乐趣。

众筹青睐的几个领域

在互联网金融快速发展的浪潮下，众筹模式得到了越来越多人的认可，与此同时，其自身的平台价值和其发展潜力也不断地受到资本市场的追捧。互联网众筹已经远远超出普通金融存贷生息循环的单一模式，把触角伸向社会及经济的方方面面，为科技、工业、文化、金融、卫生甚至传统的诸多领域提供了无穷的可能和创意。其中，以下几个领域的众筹最受投资者的欢迎。

1．音乐领域

目前，音乐众筹已经成功运用到了音乐产业的各个方面，包括专辑发行、音乐人活动、演唱会和音乐周边产品等，从音乐人、音乐迷到音乐商业，众筹已经触碰到了音乐最边缘的领域。2012 年 4 月，美国摇滚女歌手阿曼达·帕尔默在 Kickstarter 发布了一个筹资项目——为自己的新专辑、艺术作品集和巡演筹资 10 万美元。最终她获得了 2.5 万网友的支持，筹措资金多达 120 万美元，创造了众筹网站历史上音乐类筹资金额的最高纪录。2014 年初，中国音乐人梁翘柏在网上完成了他的第一个众筹项目，为他第二张个人专辑的制作筹集了 11 万元资金。音乐众筹的兴起，正帮助音乐人获得成功，也在帮助歌迷们实现心中的梦想。

对于音乐人来说，众筹平台除能为独立音乐人带来资金支持、完成唱片制作，也是测试市场反应的好方法。音乐众筹若能进行深挖运作，不失为音乐产业，特别是边缘、小众音乐产业发展的好思路。众筹可以在保证商业利益的情况下，维持音乐本身的可持续发展和内在精神，对音乐产业的良性发展或能有较大推动。

2．公益领域

公益众筹可能是众筹领域中参与人数最多的领域了，同时，公益众筹作为一个单独的分类，还是众筹的主要模式之一。据《2014 年中国公益众筹研究报告》显示，2014 年中国公益众筹市场规模达到 1272 万元，投资人主要集中在北京、上海、广州、深圳等发达城市。在项目领域方面，爱心帮扶类项目占比最高，达 43.48%，助学类项目占 26.96%，环保 / 动物保护类占 10.43%，创新 / 跨界类占 13.48%，扶贫 / 救助类占 5.65%。公益众筹项目发起人中，公益组织占 60%，个人占 40%。公益项目发起人趋于年轻化，70% 以上为"80 后""90 后"，他们热心社会公益事业，善于利用互联网，乐于分享，愿意尝试新事物。

公益众筹项目是对发起人公益梦想的投资，具有创新、快乐、正能量等元素。用众筹的方式做公益，不仅有利于普及大众对众筹的认识，还可以促进公益事业的发展。例如，众筹要求支持者与发起者之间建立较紧密的联系，不是交了钱就完事的一次性捐赠，这种紧密的联系有利于公益项目的监督和实行。另外，过去不少公益项目的主要支持者是"有钱人"，一些公益项目的透明度和开放程度受到了限制。众筹开放式的运作方式，不仅便于更多的人参与到公益事业中来，而且也能激发创意型的公益项目，促进公益形式和运作模式的发展。

3．影视领域

电影众筹是许多众筹平台的主攻方向。目前，众筹影视项目大致分为 3 部分：一是影视爱好者拍摄的原创影片；二是一些组织机构合作拍摄的影片，如公益片；三是影视公司出品的可以上院线的电影。其中，众筹项目以小制作的纪录片和数字电影为主。

以众筹网为例，在其上线的 1153 个项目中，有 64 个为影视项目。虽然数量不多，且多为小众独立电影或网络微电影。但其代表项目《我就是我》因 20 天内依靠众筹的方式成功筹集到了 500 万余元，引起了主流市场的注意，该片也已经以纪录片的身份成功登陆内地院线。这部电影的众筹模式一度被业内认为是经典案例。

影视众筹也不仅仅局限于微电影、纪录片、文艺片等小众领域。在 Kickstarter 上，网络剧《游戏高校：第二季》曾筹得 80 万美元；大卫·芬奇监制的动画片《亡命暴徒》曾筹得 44 万美元；美国知名导演、编剧和演员斯派克·李也成功为他的下一部新电影融资 125 万美元。2013 年，国内也有《大鱼海棠》《十万个冷笑话》《快乐男声》等大型影视项目均筹得过百万元资金。

影视众筹是一个充满着梦想，充满着青春，充满着力量的事业。随着微电影、粉丝经济等多种元素的逐渐成熟，众筹虽然在短期内还无法撼动传统影视的制作模式，但是毫无疑问，众筹将为影视行业，甚至文化艺术产业的发展格局带来巨大影响，这种影响将是充满积极意义而且深远的。

4．游戏领域

游戏如今已经有了较为广泛的群众基础，比较符合众筹的先决条件。近年来，随着游戏的关注人群日益壮大，游戏产业也得到了长足的发展，游戏行业的巨大金矿也引起了大资本的注意。但是对于游戏研发者来说，长期以来受限于资本方的绝对控制权等原因，游戏研发的自由度与资金支持之间一直存在矛盾。众筹的方式既可以筹集到游戏研发运营的资金，同时也可以在一定程度上降低资本、出版商等对研发的控制，在研发过程中不需要受到过多商业因素的影响，比较符合游戏迷和游戏研发者的心意。

在全球知名众筹网站 Kickstater 上，充斥着大大小小的游戏项目，至今已有超过 18000 个游戏项目在平台上发起，其中成功了近 6000 个，总金额达 21.33 亿人民币。这些游戏所获得的筹款总额达到了网站众筹总额的 33% 左右。而公认的在 Kickstarter 上开启了游戏众筹新纪元的项目，是来自大双喜（Double Fine）的游戏项目《破碎时光（Broken Age）》。这款游戏打破了多项纪录：在仅仅 8 小时内就获得了 100% 的筹款——4000 万美元。不仅如此，在 Kickstarter 上众筹的游戏种类繁多，既有硬核玩家钟爱的各种 PC 和主机游戏，也有最近流行的移动端游戏。

尽管国内游戏众筹氛围、认知度和配合度都不如国外成熟，但现下依旧有一些特色项目宣布众筹成功，如《仙剑 6》在京东上筹到 150 万元人民币。众筹模式已经成为游戏开发集资中不可忽视的一股力量，而且它解决的还不只是钱的问题，甚至连游戏的设计与开发也被众筹所改造。

众筹的出现，悄悄改变了游戏的消费模式和观念，游戏已不仅仅局限于功能性消费了，而是转向情感性消费。让喜欢玩游戏的人支持做游戏的人，帮助梦想变成现实。

5．智能硬件产品

随着各大互联网巨头纷纷加入众筹阵营，智能硬件也成为热门的众筹项目。智能硬件是继智能手机之后的一个科技概念，通过软硬件结合的方式，对传统设备进行改变，进而让其拥有智能化的功能。智能化之后，硬件具备连接的能力，实现互联网服务的加载，具备了大数据等附加价值。可穿戴设备、智能电视、车联网、智能家居、智慧医疗、酷玩设备已经成为智能硬件的重点领域，它们都具有传统硬件和互联网的结合点。

2014 年可以称为智能硬件的元年，从 2013 年智能硬件的概念刚刚兴起，才短短不到两年，智能硬件就以迅雷不及掩耳之势成为当今的主流话题。智能硬件产品众筹之所以能热起来，一方面得益于大众近年来对科技领域的高关注度；而另一方面则是智能硬件产品大多新奇好玩，符

合大众求新求趣的心理，而且众筹资金比较适中，对于那些喜欢科技的人来说，众筹无疑是一个低成本参与科技发明创造的好办法。

智能硬件产品的火爆背后，"众筹"平台发挥了不小的作用。Bits of Cents 在其网站上发布了 2015 年第一季度硬件众筹的分析报告，其中统计了国外最热门的两个众筹平台在 Indiegogo 和 Kickstarter 的硬件产品项目。数据显示，128 家硬件公司在第一季度预售了将近 7000 万美元的产品，相当于 Indiegogo 和 Kickstarter 前 5 年硬件项目众筹总额的 35%。其中，可穿戴设备募资金额遥遥领先。而最受欢迎的是一款名为 Pebble Time 的智能手表，该产品获得了 2000 万美元的筹资额，并打破了之前所有众筹项目的记录。此外，配件类（可插入电脑、手机和平板的设备）及家庭类（用于安防、烹饪和清洁的设备）硬件产品，在第一季度也较受欢迎，总共 42 个项目获得 1560 万美元筹资。自行车类别产品中，5 个产品获得 610 万美元众筹金额。

而在国内市场，京东众筹自 2014 年 7 月上线至今，该平台共上线 300 余个项目，筹资超过 1.4 亿元人民币，其中智能硬件项目占比 56%。这其实也是很多众筹平台共同的现象，硬件创业和众筹似乎有着天然的契合。通过众筹平台发布创意项目并募集资金，能较好地规避创业团队重技术轻市场的短板，还能够有效解决小团队硬件创业中的资金来源、投入风险、产品体验反馈、品牌传播和用户培养等问题。例如，在京东众筹平台"凑份子"上，创新产品孵化器太火鸟和 Dream Maker 造梦者联合推出了一个号称全球首款革命性智能空气净化器的项目，该项目于 2014 年 6 月 27 日发起，原计划筹集 3 万元，最终筹集到了 1215983 元，迅速让创业团队具备了实现创意的可能。

智能硬件领域的众筹之所以火热，正是因为这一品类的产品具备创新性和独特性，符合众筹概念的定位和性质。此外，目前多数智能硬件厂商都属于初创企业，而众筹平台门槛较低，具有开放性，可以为企业的发展提供第一桶金。

总之，每一领域都有一块很大的市场，未来众筹会应用于各个领域，而每个行业有各自的思维视角和商业逻辑，所有垂直众筹都要去研究所在行业的独特业务逻辑和业务流程。

众筹玩的就是创意大翻新

在"大众创业，万众创新"的浪潮中，众筹不仅是一种商业模式，还作为一种创新模式，激发了人们的创新能力。互联网的技术特征和商业民主化进程决定了大众创新时代的到来，每个人（文艺、科技人才等）都可以发挥自身的创新与研发能力，并借助社会资源把自己的创意变为现实的产品。

有一个女孩，希望有一个装置可以做"法式慢煮"。她设计并制造出了个样品，放到网站上众筹到 65 万美元，很快公司就成立起来。

几个德国的音乐家，因为嫌节拍器太吵，希望做一个震动式的节拍器。于是在德国的创客空间和深圳的加速器里孵化，最终做出样品在网络上众筹到 20 多万美元。

创意创造生意，这样的事例比比皆是。有道是"众人拾柴火焰高"，群策群力之下，"众筹"的确赋予了"创意"新的机会和力量，无论是国内还是国外，很多之前敢想而不敢做的创意产品有了实现的可能，市场上也因此出现了很多让人眼前一亮的新型产品。下面，让我们看看近几年来有哪些有创意的众筹产品。

Lumio 创意书灯

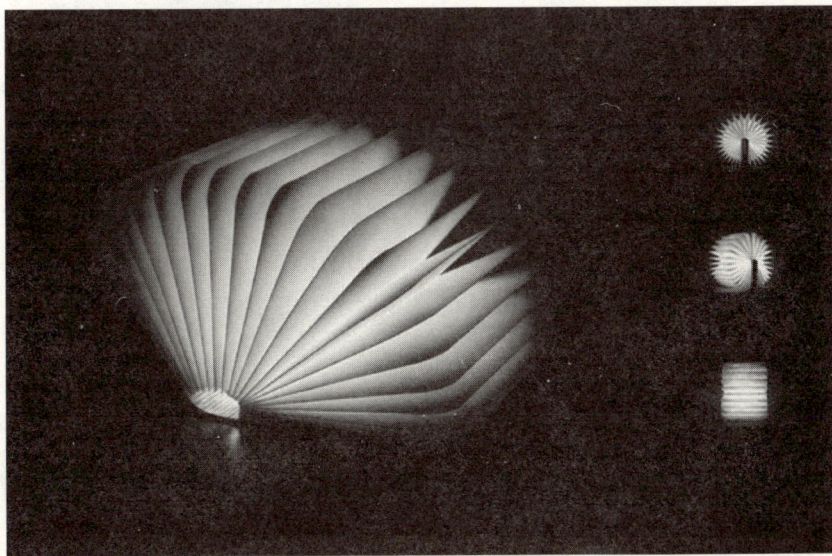

这款颇具创意的书灯是由美国设计师 Max Gunawan 设计的，它的外型如同普通的书本一样，但是打开后则成为了一盏台灯。书灯的重量只有 500g，内建的锂电池支持 USB 充电，充满一次电能够使用 8 小时之久。

3D 打印笔（3Doodler）

2013 年，玩具厂商 WobbleWorks 在 Kickstarter 网站发起活动——筹集 3 万美元研制 3D 打印笔，只用了数小时便达到这一数目，此后又募集到超过 15 万美元融资。利用这笔资金，WobbleWorks 研发出能够打印出一些复杂结构物体的"3D 打印笔"。

利用这一 3D 打印笔，可以实时画出三维模型，其使用的特殊"墨水"是一种塑料打印材料，当塑料材料从笔端挤出的瞬间，会冷却凝固进而形成 3D 结构模型。

Quitbit Lighter 智能吸烟追踪打火机

Quitbit Lighter 是来自美国的一个团队打造的一款智能打火机，它的主要功能是记录抽烟次数，然后通过手机 APP 和社区来帮助人们戒烟。

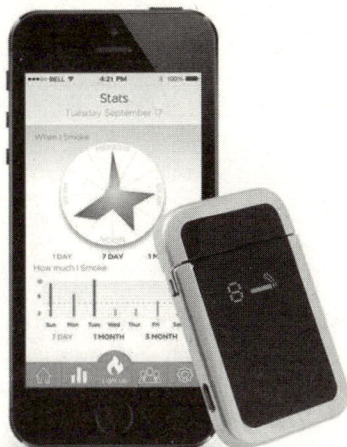

Quitbit 看起来和一般的打火机差不多，区别在于拥有一块 LED 显示屏。它可以记录每天用户吸烟的数量和上一次点烟的时间，这些数字足以让吸烟者警惕。目前，Quitbit 团队已经为这款智能打火机开发了一款应用程序，这款应用程序可以告知你每天抽烟的次数，甚至还可以让用户自己设定，假如你希望每天抽 5 次烟，那么抽完之后，这款打火机就不会"点火"了，用户需要等一天才能解锁。除此之外，用户还可以将自己的戒烟过程发到一个社区中，让更多的戒烟人群看到戒烟的决心，这样就会帮助他们达到戒烟的效果。

Pebble 智能手表

Pebble 智能手表采用电子墨水作为屏幕，待机时间长；支持 iOS 和 Android 两种智能手机系统，可以在手表上显示手机中推送的信息，如 Facebook 和 Twitter 消息及天气预报之类；还能控制音乐播放，查看骑车和跑步时的速度，距离等信息。

轻客智慧单车

对于生活在大城市的人来说，自行车出行的优势开始变得越来越明显。不过毕竟是大城市，人们出行的路程往往比较遥远，长时间的骑行显然是不行的。而在京东众筹上出现了一款拥有助力功能的智慧单车，拥有它之后相信你的出行会更加方便。

轻客智慧电单车以驾驶者为中心，运用了很多突破性的汽车科技。据悉，轻客 TSINOVA 智慧电单车智慧动力系统能够读懂路况和用户的骑行意图，从而输出动力，让用户的整个骑行过程更加轻松。此外，轻客还和松下共同研究，据悉，轻客 TSINOVA 智慧电单车拥有专业夜视系统，军事级 IP66 防尘防水工艺，更具备了 GPS 实时定位，确保车辆安全。同时，轻客通过了多项国家安全检测，如 10 万公里路测，坠落测试等，确保骑行安全无忧。

Ritot——带投影功能的智能手表

Ritot 宣称自己是世界上第一款"投影仪手表"，其实更确切来讲，

Ritot 更像是一款手环，上面自带一个微型投影仪，可以在你的手背上投影显示时间、不同种类的智能手机通知。

这款手表使用起来非常简便，需要了解时间时，你只需要轻轻敲击 Ritot 或摇晃手臂，就可以将时间投射出来，通常投影会在手背上显示 10 秒钟时间。这款手表还能和你的智能手机进行同步，显示各种手机上的通知，不管是来电人姓名、短信、提醒、社交通知还是邮件通知，都不在话下，而且还能以较大的字体投射出来。另外，这款设备还能设置成震动提醒。

意念赛车

说到"意念"这种东西，在人们的印象中貌似只有电影或小说中才会出现。而淘宝众筹上线了一款能用意念控制的汽车玩具，该产品可以通过脑电波来控制玩具赛车。

其工作原理在于，通过头上戴的意念脑波仪收集脑电波，再通过无线传输的方式将信息送到赛道的计速器上，计速器会根据信息来改变赛车的速度。这款产品可以通过寓教于乐的方式来锻炼孩子的专注力，已经以超额 333% 的成绩完成了众筹，目前在淘宝商城中已经有售。

便携式电动自行车——Impossible

创新技术工程设计公司 Impossible Technology 设计了一款可以折叠成背包大小的电动自行车。

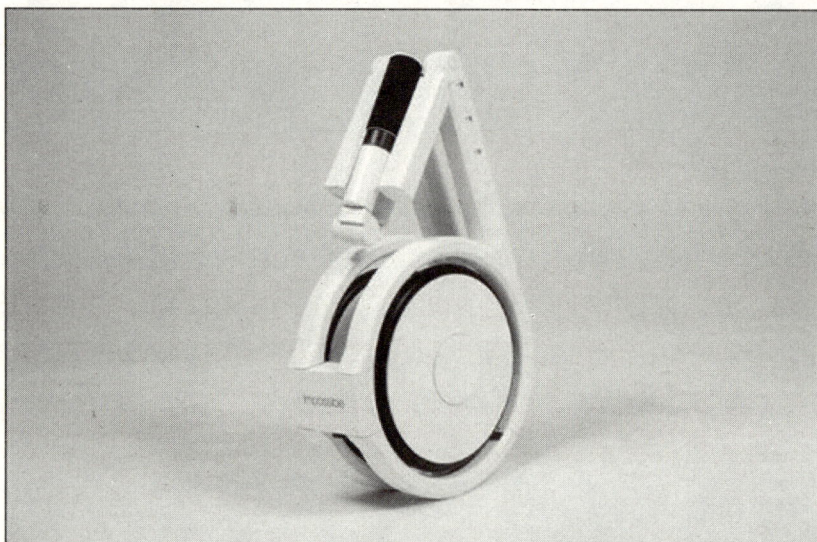

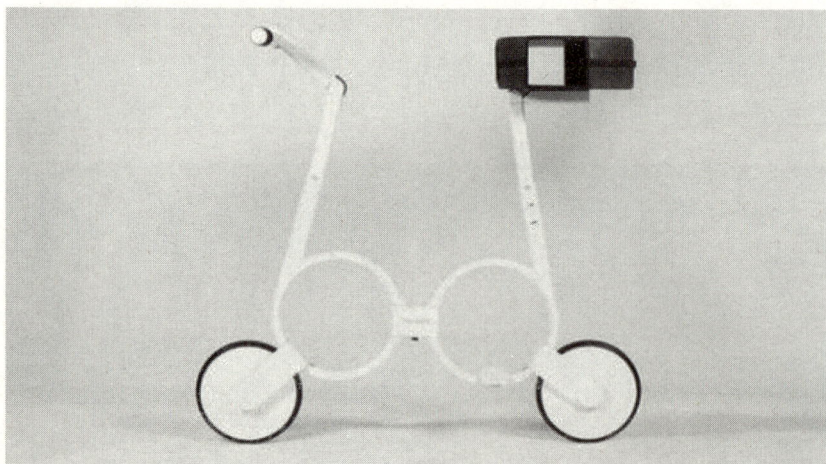

通过精巧的折叠及伸缩设计，一个迷你圆形装置能伸展出一辆造型袖珍的自行车，而最大的特点在于该款自行车是通过电力驱动，而只需一个半小时便能充满电源。

其实，通过众筹生产的创意产品远不止上面提到的这些，随着互联网传播和互动功能基因的日益增殖，有更多通过众筹或希望通过众筹解决的项目的创意被激发出来。如今，众筹网站已经成为孕育科技创新产品的一方热土，各种稀奇古怪、颇具创意甚至是未来感十足的设想都可以在这里找到自己的支持者。

众筹平台的运作及盈利方式

从 2011 年开始，众筹平台如雨后春笋般在我国出现。2011 年 7 月，国内首家众筹网站点名时间上线，标志着我国网络众筹的开始。2011 年 9 月，首个具有公益性质的众筹平台追梦网上线。2011 年 11 月，股权众筹平台天使汇上线，随后的两年里，数十家众筹网站纷纷上线，其中包括 2012 年 12 月上线的大家投，而 2013 年 2 月上线的众筹网，如今已经成为国内最大的众筹平台之一。2013 年 10 月中国梦网上线，12 月淘星愿上线，并随后更名为淘宝众筹，2014 年 7 月京东众筹也宣布上线。随着时间的推移，不少众筹平台只是昙花一现，但经过时间考验的几家已经成长为国内较为具有影响力的众筹平台。如今，众筹模式正在颠覆现有的融资形态，渗透进文化、互联网、公益、娱乐、制造业等各行各业。

下面，我们介绍一下众筹平台的功能、运作流程及盈利方式。

一、众筹平台的功能

在解决项目资金的问题上，众筹平台有 4 个功能。第一，发现功能。如果项目有创意和市场前景，会引发很多人的兴趣和关注。第二，验证功能。对初创者来说，可以先放到众筹网上晒一晒，看看有多少人支持你的创意。第三，推广功能。通过天然的路演平台发起项目，不仅能充分展现和释放平台的推广价值，也为企业的品牌和理念宣传起到事半功倍的效果。第四，募资功能。在运营过程中，如果遇到了资金问题，想要募集一定的资金渡过难关，众筹平台也可帮助你更便捷地解决资金问题。

二、众筹平台运作流程

众筹网站的运营按照严格的流程，也执行着一定的筛选标准。一般情况下，每个项目的发起者来到一个众筹网站都要经历的流程是：注册→登录→在线提交申请→完善项目文案、视频，回报设置，个人身份信息等内容→提交审核，等待工作人员联络。而众筹网站会根据项目发起人提供的资料对项目进行初步判断，一般资料不足的会直接打回，可以在补充了充分的资料后重新提交。

对于众筹平台来讲，它一般由两个生态环共同构成，产品传播的核心是用户。该模型的内环，将用户购买商品的流程分为"初选、评估、购买、购买后体验"4 个阶段，围绕这 4 个阶段的外环，则可概括为"千万人购买、千万人参与、千万人使用、千万人传播"。这 4 个关键词构成了一个闭环体系，这个闭环体系没有起点，也没有终点，人们可能在任何阶段进入到这个环中，直接参与到产品的设计、生产、传播等各个环节，真正实现了全流程社会化传播。每个环节和每个环节之间，息息相关。

三、众筹平台的盈利方式

通常来说，众筹平台作为一个中介机构，其收入源于自身所提供的服务，绝大部分的众筹平台实行单向收费，只对筹资人收费，不对投资人收费。具体来说，有以下 4 种主要的盈利方式。

1. 佣金

众筹是一种新型的筹资渠道。筹资人通过众筹平台展示自己的想法或创意，获得投资人的资金支持。而众筹平台作为撮合筹资人与投资人的平台，一般会规定当达到某种条件时，在筹款人筹款成功后获得一定比例的收益。这个数字通常为 3%~10%，有时甚至更高。据 Kickstarter 年报显示，2012 年，Kickstarter 收到了 224 万民间投资者总计 3.197 亿美元（约合人民币 20 亿元）的投资，而 Kickstarter 可以从中提取 5% 的佣金，也就是 1600 万美元左右。美国另一家众筹网站 Indiegogo 则只收取 4% 的手续费，即使客户最终未能达成预期目标，Indiegogo 还可继续为他们集资，前提是另加 5% 的额外费用。作为国内第一家众筹网站，点名时间在成立初期向筹款成功的项目收取 10% 的佣金。这实际上是一种双赢的结果：只有项目成功时才需交费；如果项目失败且没有钱转手，通常情况下抵押金或投资金将返还到投资者手上。当然，这也是一把双刃剑：你最终筹集的资金越多，那么佣金也越多。

2．会员费

目前，众筹网站采用会员制的收费方式比较少，但我们已经看到了一些众筹网站提供了"会员"或"认购"服务。比如，88众筹网，它目前采取的方式就是，向创业个人或企业收取基础的会员费，然后再从项目筹集到的资金里按比例收取佣金。这实际上是双重的收费。另外，也有一些众筹网站，如果你注册成为会员，并每月支付一定数额的会费，就可以创建任意多的项目。即便你的项目非常成功，众筹平台也不会从项目中抽取资金。

3．股权

有些股票众筹平台不仅要成交费，还要你业务或公司的实际股权。这就不只是募集资金的百分之几，还有贵公司的未来期权收益，这种收费方式类似于投资者的投资。

4．服务费

目前，众筹网站的盈利模式并不是很清晰，所以一些众筹网站除了提供给创业者和投资者的常规服务，还提供额外收费的高价服务。这可能包括获得网站的咨询服务、材料评估、视频制作软件或专题位置。这种"免费增值"模式正在高科技产业普及，似乎在众筹产业也大有流行之势。国内的天使众筹平台"天使汇"在媒体上曾公开过他们的盈利模式：基本服务免费，增值服务收费。主要包括：一是为企业提供融资服务，融资成功后收取财务顾问费用，大约为融资额的5%；二是提供信息化软件服务，如公司治理软件等，收取较低的服务费用；三是提供增值服务和高级服务，联合第三方机构为企业提供更多服务，如法律服务、财务服务等。

第二章

众筹时代——掀起互联网金融风暴

现在，互联网已经重塑了金融业的概念，并把它推向了想象力边缘。众筹这种在以前人们看来非常边缘的融资模式，正在对互联网金融产生非常深远的影响，创造了一种基于免费的商业模式，让创业者和创业企业获得了更多的自由，让普通群众有机会成为投资"大佬"，有机会分享移动互联网金融带来的利益。

众筹融资，撬动传统融资模式

众筹是互联网时代区别于传统融资的新型融资模式。众筹依靠移动互联网、大数据、云计算，实现支付清算、资金融通、风险防范等金融本质功能，并具有快速、便捷、高效、低成本的优势，以及场外、涉众、混同的特征。同时，众筹平台依靠互联网与线上线下共同推进发展的模式向群众募资，支持项目发起的个人或企业融资，又具有低门槛、多样性、依靠大众力量、注重创意的特征。众筹模式的出现，是对传统融资模式的一个巨大突破。这种突破，可以说是颠覆性的。

从平台角度看，众筹融资平台一般是互联网形式，而不是传统的金融机构、交易所平台。从参与主体角度看，众融资涉及多方主体，包括投资人、募资人、众筹平台，并且这些主体都不同于传统上的类似功能主体，如众筹项目的投资人是大众，且以小额投资为主，他们决策投资的主要动机是兴趣爱好而不是利益回报。事实上，参与众筹项目的投资人一般不会享有项目的版权或现金回馈，他们所得到的回报是项目方在发布项目时预先承诺的精神或实物奖励，如一个点名感谢、一张电影票、一个签名的周边产品等。而募资人一般多为小型企业、初创企业，或艺术、科技等领域的创意项目所有人。从具体用途看，众筹融资可以用于支持各项事业，如疾病救济、竞选活动、艺术演出、初创企业融资、科学研究等。相对传统融资模式，众筹融资是一种更为大众化的筹资方式，其兴起为更多小规模企业或拥有创意项目的人提供了融资可能，也为普通民众小额投资提供了新渠道。

众筹的出现，源于互联网时代的到来，具备了技术上的可能。但这种新的金融业态之所以能够很快从美国传播到全球，在中国等新兴市场也大行其道，变成热门的关键词，很重要的因素在于传统的金融体系具有相当的封闭性，融资流向表现出典型的"马太效应"，即金融资源错配。

在众筹出现之前，中小企业和债务方一般都会利用民间融资渠道，需要付出很高的融资成本；而且，由于游离于金融监管体系之外，经常会受到政策法规的极大抑制。因此，在最近几年，一方面民间闲置资本总量不断累积，不断推高房价、艺术品价格等一切可以带来短平快投机利润的交易产品或项目的价格；另一方面，实体经济缺乏足够的资本支持，创业者通常很难获得正规金融渠道及民间融资渠道的青睐。

众筹是典型的互联网金融创新！互联网金融最直接的价值就在于渠道价值，借助大数据形成信用评价体系，促成供需双方直接对话并完成融资对接。包括众筹在内，互联网金融对传统金融交易规则、交易模式、中介游戏规则都带来了颠覆性的挑战，可以有效解决部分金融资源错配的问题。但众筹等新模式也引来了很多非议，因为其挑战的不仅是传统金融机构与业务，还包括现有的金融监管框架和理念，风险是很难控制的。

众筹的出现，迎合了融资市场上最有活力的小微企业和新兴产业服务的资金需求。在美国，甚至有人把众筹比作"挽救美国经济的最佳创新工具"，认为众筹给人民带来了新的动力，因为允许任何人为商业创新、生意机会乃至一项公益事业提供资金，从而使每个人都可能"有所作为"。同时，众筹允许社会各个阶层资助能够带动就业的新企业，也为这些企业提供了可筹借贷资金的新渠道。

在美国，常见的众筹发行方式有私人发行公开募集众筹、州内众筹、注册式众筹。2012 年，美国国会通过了《初创期企业推动法案》，正式将众筹融资合法化，明确了发行人基本信息披露义务，建立起了小额投资者保护机制，明确了众筹中介角色与职能。如今，美国已经建立起了对众筹融资的平衡监管，从强制注册和信息披露为重点转向设定投资者上限。2012 年，全球已有超过 100 万个众筹项目成功募集到了资金，增长率高达 81％，资金募集总额达 26.7 亿美元。

当然，众筹平台和项目运作最为成熟成功的地区，仍是北美洲和欧洲。众筹在中国的发展面临良好机遇，这就为解决金融资源错配难题提供了有效的途径。众筹作为一种新兴的互联网金融模式，极大地扩大了公众参与度，是一场去精英化、去平台化的大众融资革命。该模式借助互联网高效、便捷的传播特点，建立了一种新的资金筹集机制，但本质上仍是一种低准入门槛的创业风险投资。故作为一种金融创新，众筹模式发展初期在制度监管和行业规范上的缺失，容易异化为诈骗或非法集资的工具，使得参与其中的组织和个体面临较大法律风险。一旦出现违约，它给金融系统造成的系统性风险也是比较高的。因此，对于我国来说，在短期内出台专门的众筹立法或监管体系，难度较大。更可能的做法是，立法者和监管者采取中国特色的试错方式，允许深圳、上海等城市一地或多地开展这方面的实验。

2015 年 6 月 16 日，国务院发布了《关于大力推进大众创业万众创新若干政策措施的意见》表示要"引导和鼓励众筹融资平台规范发展开展公开、小额股权众筹融资试点"，体现出明显的支持态度。7 月 18 日出台的《关于促进互联网金融健康发展的指导意见》（下称《指导意见》）则第一次对股权众筹及相关概念作了较为明确的规定：股权众筹融资主要是通过互联网形式进行公开小额股权融资的活动，股权众筹融资方应为小微企业，股权众筹融资必须通过中介机构平台进行，股权众筹融资业务由证监会负责监管。这为行业的发展无疑注入了"强心剂"，股权众筹无论在身份上还是未来发展都已经得到了决策层的认可。

或许，股权众筹的中国式崛起真的能吹起那些"风口上的猪们"。股权众筹不仅降低了股权投资的门槛更为创业者们提供了新的融资渠道。不少业内人士都认为股权众筹平台可能会成为中国资本市场的"新五版"。为了提高众筹项目的成功率，帮助项目成长，不少平台也与孵化器、风投机构等专业机构合作。

目前也有不少平台给企业提供一条龙的融资服务。以早期成立的天使街为例，他们主要是以互联网为手段为中小微企业提供全生命周期的金融服务，从天使轮到 A 轮的在线众筹股权融资，再到 B 轮到 C 轮的股权＋债权融资服务，最后到 C 轮 Pre-IPO 的股权转让服务和 IPO 的转板服务。

除了筹钱，还可以"筹智""筹资源""筹用户"等，股权众筹平台成为了创业者们迈出市场累积用户的第一步。当中小企业有好的项目需要资金支持时，他们可以通过众筹平台找有兴趣、有经验、有能力的人在一起；然后各抒己见，集体评估项目的可行性，把可预见的问题抛出来做好预备方案；紧接着依据各自的特长进行任务分配，确保项目操作全程各个岗位上有人坚守；最后，确定项目可以启动了，再评估启动资金，积聚大家的力量筹钱。在金钱收益之外，社群成员之间彼此的价值互换和人脉、资源、经验等隐性提升也是关键，社群和众筹如果结合的好，会产生 1+1 大于 2 的双赢效果。股权众筹的核心在于对一个项目的贡献度，智慧、精力等志愿者精神才是让项目维系下去的保障。股权众筹将改变初创企业的风险融资模式，未来将以便捷渠道获得投资资金。

股权众筹模式的优势吸引了众多投资者的关注与参与，未来的股权众筹必会在阳光化的监管中运行。在参与股权众筹的过程中人人都是天使投资人，人人都可以为小微企业的发展贡献自己的力量。

众筹造梦，将梦想变为现实

梦想是免费的，但实现梦想的成本是高昂的。但自从有了众筹平台，任何人都可能成为造梦者和创业者。凯文·凯利在其著作《技术元素》中提出了"1000 个铁杆粉丝"的设想："创作者，如艺术家、摄影师、工匠、演员、设计师、视频制作者或作家，换言之，也就是任何创作艺术作品的人只需拥有 1000 名铁杆粉丝便能糊口。"如今，众筹这种新兴的融资模式似乎已经将这个设想转换成了现实。

在湖南长沙，有个名叫李婷的 90 后女孩，为了圆自己的浪漫梦想众筹创立了一家咖啡馆；在广西阳朔，网名叫做"花城一夜"的 70 后大男孩，为了实现自我价值众筹创立了一家青年旅社；在北京，一个想创业卖煎饼又苦于没有启动资金的 80 后，通过股权众筹平台天使汇筹集到 300 万元资金，然后将煎饼卖成了风靡京城的黄太吉。目前，像这样通过"众筹"实现梦想的例子不胜枚举，而且现在众筹的用户越来越多，大家都非常乐衷于在互联网上发现一些新奇好玩的项目，或者找到一些与自己有同样想法的朋友，并为他们助一份力。毫无疑问，众筹创业的成绩已经感染了很多的创业者，让他们多了一个实现自己梦想的平台。

唐志飞曾是一位做了 5 年技术的程序员，在他还是一个学生的时候就有一个梦想，那就是做拒绝雷同、张扬个性，但同时还会让很多人接受的最极致 T 恤。那时青春热血的他曾试图向亲朋好友讲述他的想法，但却没有收到任何支持和鼓励，也没有人愿意出资资助这位梦想青年。然而他在通过 5 年的努力赚到一定启动资金之后，利用众筹模式，在众筹网发起"以蚂蚁故事为主题的 T 恤"项目，迅速得到了大家的喜爱。此项目的原定计划是筹集到 8000 元，没有想到在项目发起的短短几天内，这个目标就超额完成。

让蚂蚁有故事

为用户打造称心如意的创意个性T恤

　　一个项目策划、一个文化创意，在专业的众筹网站上一经发布，就有可能吸引网友的筹资，从而获得启动资金。对于那些刚刚创业的人们来说，众筹确实提供了一种把梦想、创意变成现实的机会。

　　相信有不少人每天在做的事情其实不是自己内心所喜欢的，而自己想要做的事情却因为种种理由而没有办法实现，但众筹平台的出现，最起码让你有了一个梦想成真的舞台。如果你的想法能够得到大家的认同，那么你既可以得到大家共同支持的项目启动资金，同时还可以得到初始用户的积累。

　　南京有一家"很多人的咖啡馆"，如它的名字一样，它属于很多人。2012年5月，豆瓣上出现了一个很火的帖子，"我们每人出资2000元，开一个很多人的咖啡馆吧。"这个帖子召集起了一批散落在城市各个角落，有着共同咖啡梦想的"小伙伴们"。参与者们大多希望拥有一家自己的咖啡馆，在工作之外有个精神寄托，也许是因为缺少资金，也许是因为无法辞去已有的工作而专职开店，他们无法独立完成这个理想，于是，志同道合的136个年轻人，共同出资，完成了"草根"的咖啡梦。

　　为梦想而生，或许正是众筹最大的特色。与那些做各种数据分析、看趋势统计和追求投资回报的财务模式不同，众筹模式不仅多了一种理想主义的情感因素，更多了一种对梦想的扶持。从这个角度而言，众筹模式更符合互联网本身分享的特性，同时在互联网金融的浪潮中更具有生存的空间。

创业对于很多人来说都非常难，但众筹模式让创业的门槛变得更低。借助于众筹平台，每个人都可以发挥自己的才能，实现个人梦想，众筹平台将会成为每个人的第二人生舞台，利用认知盈余开创人人时代。

2012 年 4 月 11 日晚上 8 点，美国小伙埃里克抱着试试看的心态将自己的一款智能手表项目放到了众筹网站上，希望给自己眼看就要"夭折"的项目筹集到 10 万美元，让这个现在因为经济困难而暂停的项目能够继续发展下去。在提交方案并发布之后，埃里克便和团队另外 4 名成员出门吃饭。当两个小时后他们吃饭归来时，"奇迹"发生了，10 万美元的筹资目标已经完成，并且还在迅速增加，28 小时之后，该项目筹集到的资金突破了 100 万美元，并最终募集到的资金超过了 1000 万美元。

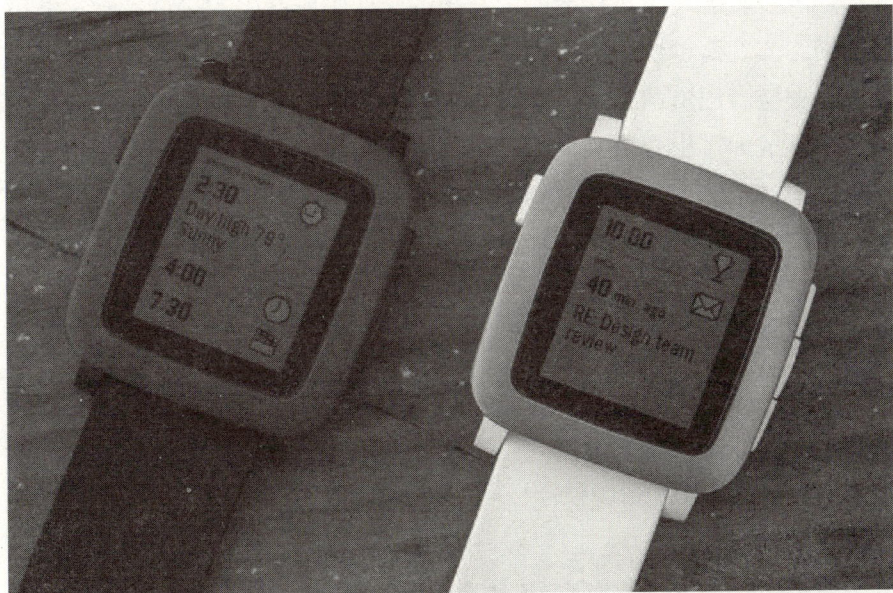

然而，在此之前，埃里克为推销这款智能手表吃了无数的闭门羹。他接触了大量的风险投资机构，尽管他的智能手表无论在功能还是外观设计上都表现得非常优秀，但是对于一款尚未取得市场地位的智能手表而言，风险投资者们表现得相当谨慎。

就在这几近绝望的时候，埃里克在众筹网站上将自己的智能手表以卖产品的方式进行了众筹。作为项目发起人，埃里克为投资人设计了 21 种募投方案，其中最少投资为 99 美元，投资人可获得一款深黑色的智能手表；最高投资为 1 万美元，投资者可获得 100 只自选颜色的智能手表。而就是这样一种简单的网络融资方案，让埃里克一夜成名。如今，埃里克运用网络众筹这一无心插柳的举措已被当作一个科技公司的创业传奇。

众筹"造梦"价值就在于它是一个放大镜和聚光灯，它为项目带来的不仅是资金的支持，还有把产品从小众推向大众消费市场所需要的原动力。不论是影视、动漫、出版、科技，甚至是农产品……只要是具有创意的想法，都开始在众筹网站上招募资金。往往那些在传统渠道得不到风投或捐赠的项目，在众筹平台上可以大放异彩。

美国著名学者 Jane McGonigal 在《游戏改变世界》中写下了这样一段话："为什么很多人喜欢玩游戏？因为可以产生幸福生产力，指的是深深地沉浸在能产生直接而明显结果的工作中所产生的一种感觉。结果越清晰，实现得越快，感受到的幸福生产力就越多。"众筹也是一样，当一个支持者出资帮助另一个人逐梦之后，逐梦者的梦想从某种意义上来说也就成为了出资者共同的梦想，而"群体梦想"的最终实现将会使所有参与其中的人获得成就感及幸福感。对于个人而言，只要你的情感足够真挚，你的梦想可以引起共鸣，就能够激发和获得幸福生产力，就会有人愿意为"你们的梦想"共同出资并努力，甚至由此获得更多的朋友、更广义的财富。

有句流传已久的话："全国人民人人给我一块钱，我马上就会成为亿万富翁。"对创业者来说，众筹是一个让梦想有机会落地的平台。相信通过众筹，不久的将来这句饱含调侃意味的话定能变为现实。

股权众筹——众筹的高级梦想

股权众筹是一种互联网上进行股权转让和交易的方式，即公司出让一定比例的股份，面向普通投资者，投资者通过出资入股公司，获得未来股权及各种收益。对于企业股权众筹的方式可以解决发展、营销、资源等多类困境，对于投资者，众筹的方式可以降低投资风险。

一、股权众筹分类

股权众筹从是否担保来看，可分为两类：无担保的股权众筹和有担保的股权众筹。

1．无担保的股权众筹

无担保的股权众筹是指投资人在进行众筹投资的过程中没有第三方的公司提供相关权益问题的担保责任。目前国内基本上都是无担保股权众筹。

2．有担保的股权众筹

有担保的股权众筹是指股权众筹项目在进行众筹的同时，这种担保是固定期限的担保责任。但这种模式国内到目前为止只有贷帮的众筹项目提供担保服务，尚未被多数平台接受。

二、股权众筹运营模式

1．凭证式众筹

凭证式众筹主要是指在互联网通过卖凭证和股权捆绑的形式来进行募资，出资人付出资金取得相关凭证，该凭证又直接与创业企业或项目的股权挂钩，但投资者不成为股东。

2．会籍式众筹

会籍式众筹主要是指在互联网上通过熟人介绍，出资人付出资金，直接成为被投资企业的股东。

3．天使式众筹

与凭证式、会籍式众筹不同，天使式众筹更接近天使投资或 VC 的模式，出资人通过互联网寻找投资企业或项目，付出资金或直接或间接成为该公司的股东，同时出资人往往伴有明确的财务回报要求。

三、股权众筹的构成要素

股权众筹的构成要素包括：项目的发起人、项目的投资人、连接发起人和投资人的互联网平台。股权众筹具有门槛低、多样化、注重创新等特征，通过审核，发起人将项目通过平台予以展示。

筹资项目在发起人预设的时间内达到或超过目标金额即算成功，发起人可获得资金。筹资项目完成后，投资者将得到发起人的股权回报。如果项目筹资失败，则将所筹资金全部退还投资人。

四、股权众筹的优势

股权众筹是一种新兴的网络融资方式。以项目为中心，公开寻找投资人，再组队合伙投资入股。因而，这种融资方式给传统的风险投资人带来了压力，被一些人称为风投界的"搅局者"。这个称谓，更多是从传统秩序的视角和既得利益的立场来看问题。如果从未来发展和创新立场来观察，股权众筹可能是互联网改造资本市场乃至公司制度的创新力量。

曾几何时，投资的门槛很高，一个是资金门槛高，另一个是能力门槛高。谁都不希望大额投资行为出现偏差，导致对项目要求非常高，投资机会极大降低。需要机构去特地研究和考察，然后行使投资的权利。这种集中性的投资弊病，跟集中性的慈善是一样的，主导权是掌握在运营层手里，一方面导致投资收益跟投资能力相关，但能力边界到底是多少，很难界定；另一方面，不透明的投资决策行为，容易产生不道德的行为，辜负投资人的信任。这种投资是少数富人的游戏，限制了更多的人进入这个行业，有极大的问题。

而股权众筹平台模式最大意义地将原先集中性的大中介逐步打散，去 VC 化，改成通过互联网平台自我寻找、自我投资、自我承担投资风险的行为。这里，互联网提供更多投资机会、更全的信息对称、更小的投资金额、更小的投资风险。人人可成为投资人，人人都做天使。比如 250 万元的投资，可以衍生到几十个人群，从而极大降低资金门槛。将大的风险分摊成小的风险。当然这个改变，并非是金额层面，也改变投资的整体性方式，引导投资主体的分化。因为单笔金额较小，大家投资压力减轻，违约成本降低之后，还带有大量非理性情感因素，都会促使投资的成功。股权众筹借助互联网优势，让更多的高净值人群，甚至是具备一定投资能力的普通投资人有了股权投资的渠道。可以说，股权众筹是"风投界"基于互联网的创新，是完善整个创投融资产业链的重要一环。

如今，众筹金融新时代已悄然来到我们身边，其最大的作用是为"大众创业、万众创新"提供新的投资融资机制，让创业和创新的梦想能够提前得以实现，同时为普通投资者如中产阶层带来了实现股权投资、实现财富增长的新机遇。

未来股权众筹在中国的演化，很有可能是走在美国已经出现的制度变革之路。美国的《创业企业融资法案》（即《JOBS 法案》），允许初创企业和风险投资基金在线上募资。如果中国也这样放开，股权众筹平台就可以完全公开合法地既为线上初创企业融资，又为线下风险投资基金募资。

股权众筹模式高度体现了去中心化、点对点直接交易等互联网金融的特征，如果运行顺利，必然会改善我国的天使投资环境，大大节省中小微企业的融资成本，开拓投资新渠道。

众筹投资，每个人都可以成为合伙人

如今，众筹模式正在演变为一个新型互联网融资模式，它改变了以往的创业投资观念，使得每一个创业者都有圆梦的可能，同时也让所有人都有机会成为天使投资人。借助网络手段调动大众力量推动投资、创业等，当前已成为了一种趋势。众筹模式让众多"草根"更多地介入个人或机构的创业或实现梦想的过程，他们不再只是消费者或旁观者。

2015 年，万达地产计划在未来 10 年建成 1000 个万达广场。为了达成这一目标，万达决定借助全民的力量，向大众筹资。2015 年 6 月 8 日，万达联手快钱发起了一款名为"稳赚 1 号"的商业地产众筹产品。这款募集总额达到 50 亿元的众筹，有 5 亿元面向个人投资者。6 月 12 日，"稳赚 1 号"正式上线，起投金额为 1000 元，最高为 100 万元，投资期为 7 年，投资者可以享受万达广场净物业收入及资产升值双重收益，预期合计年化收益率达 12% 以上。其中收益来自两部分：租金收益预期年化 6%，每年发放；物业增值收益预期年化 6%，退出时一次性发放。本项目为以万达广场作为基础资产，募集的资金全部投资于只租不售的万达城市商业广场项目。该项目上市三天内就被一抢而光，顺利完成 50 亿元资金的发行计划，创造了全球众筹行业的新纪录。

1000 元就可以成为万达的投资者，这个众筹项目几乎具备了所有可能一炮而红的元素——公司平台大，投资门槛低，预期收益高，同时流通性还比较好。投资者可以以极低的门槛参与实体经济的直接融资，免去中间环节而直接获得投资收益。通过这个众筹，万达广场的建设变成了一场全民参与的投资狂欢。

众筹的模式允许公司通过互联网向每一个普通人募集小额资金，而这些人都将成为企业的投资人。其目的是让更多的人有机会参与到公司股权的投资中，因为之前的参与者要么是专业的机构投资者或专业天使投资人，要么是亲戚朋友，这种投资参与方式让更多的人没有可能以小额方式参与进来。现在借助互联网 + 众筹的方式，通过线上线下的路径，让更多愿意进行股权投资的个人投资人进入到这个领域，有机会实现风险股权增值或分红收益，使更多人成为公司合伙人成为可能。

在杭州，有一个叫蔡华的自由投资人，他通过众筹开办了一家 123 茶楼。当初，他有一个朋友要转让一家餐厅，他得知后就在微信群中转发了这条消息。很快，群里就有人回应他，可否几个人一起把这家餐厅盘下来做茶楼生意。他考虑后觉得这个想法可行，就答应了，随后，他又在朋友圈里发了一条信息：如果你出一万元钱就可以成为茶楼的股东之一。结果群里就有十几、二十个人响应这个事情。

眼见着朋友们的热情越来越高涨，怀揣着各种目的的人也参与了进来，蔡华又在网上发表了一篇名为《一万块，你想干什么》的文章，并明确了此次众筹的目的。第一，投资一万元钱，每年可以获得 10% 的回报；第二，能获得一个志同道合的圈子，一个互联网思维的实践；第三，可以成为茶楼的股东之一。另外，他还加了一个很苛刻的限制，5 年不分红、不能退。这条信息给大伙讲清这次众筹的规则，更重要的是把一些不符合他要求的人排除出去。

最终，123 个来自不同行业的陌生人参投，每人一万块钱，123 茶楼就这样开张了。

从这个事例可以看出，众筹可以让我们每一个人都能成为一个投资者，在为社会贡献财富的同时，也实现了个人财富的增长。

对投资者来说，众筹最大的好处就是风险分摊。如果一个人开一家餐厅或一家咖啡馆，失败了要赔几十万元，甚至几百万元，这对很多人来说都是不小的数目。通过众筹，参与的人越多，投资门槛越低，每个普通人都能在全球海量的创业项目中找到适合自己的创富机会。投资人可能仅需要支付一个月的工资，甚至是一顿外出就餐的费用，即使做赔了，分摊到每个人身上，金额也会很少。所以，众筹不是给那些富人、名人创造更多机会，它是给草根创业、理财，给普通老百姓的投融资需求创造机会。

我国众筹模式的市场现状

随着互联网的发展迅速崛起，众筹市场成为目前最具潜力、发展最快的市场之一！在此基础上，我国众筹市场充满机遇和挑战！

一、我国众筹的发展概况

中国的经济历经多年的发展，金融市场正向高效而活跃的新时代过渡，金融模式的创新成为发展的必然趋势。而众筹作为一种创新金融模式，在我国经济发展中的影响越来越大，成为实业界、产业界、百姓投资理财、金融界创新的交叉点和热点，成为民间资本市场最好的路径、小企业发展的好模式。

2013 年余额宝发展的示范效应和 2014 年 P2P 网贷行业突飞猛进的推动效应，已经在悄然催生中国的众筹金融行业。据统计，2014 年上半年国内开展的众筹案例达 1423 起，众筹募集资金达到 18791 万元。而2014 年上半年的美国，开展的众筹案例近 5600 起，众筹募集资金达到21509 万美元。中国众筹金融行业的发展，正在加速追赶美国，并缩小与其差距。

虽然众筹行业在中国才发展三四年，但是各种众筹平台的诞生和众筹项目发起及募集资金总额等呈现出迅猛增长的态势。截至 2014 年底，已有大大小小百余个中文众筹网站，在各自擅长的领域不断挖掘探索。但就目前的众筹运转模式来看，中国主要还在以奖励回馈模式为主，只有少量机构在开展股权众筹。从加盟众筹行业的机构来看，不乏很多互

联网大佬，包括阿里、京东等重量级选手纷纷入局。不过在众筹步入黄金发展期之际，众筹行业也面临着诸多发展痛点。比方说，目前众筹行业最火爆的奖励式众筹缺乏特别好的项目，更多是演变成了商品的预售和团购，这样一来众筹平台也成为各企业宣传自身产品的一个平台，而那些真正的创业项目，反倒容易被大众所忽视。可以预计，随着众筹行业的集中爆发，意味着行业洗牌期的到来，届时一些规模较大、成立时间较久、资质正规良好的众筹平台将最终在一番大浪淘沙下壮大成长。业内人士认为，2014年为众筹元年，而2015年则是众筹的爆发年。近两年我国众筹行业还将呈现爆发式增长的态势。

中国众筹金融时代来了，这主要缘于国家的政策鼓励。我国2015年《政府工作报告》中明确提出"开展股权众筹融资试点"这一改革方针。更早一些，2015年1月，国务院常务会议上提出"完善互联网股权众筹融资机制"。各方有志之士特别是创新创业投资人从此看到了众筹金融将在中国崛起的历史机遇和发展前景。他们清楚地感到，顺应创业浪潮高涨的趋势，政府政策导向除对创业的支持和帮扶外，还将进一步完善创业投融资的机制，以求可持续化发展。

众筹作为互联网金融表现的重要形式，在将来必定会不断发展和完善，并逐渐成长为我国金融市场一种重要的、行之有效的、形式多样的新型融资方式。作为金融脱媒大背景下的一种创新，虽然它的发展还面临着各种合规性的问题，但它在未来中国经济发展中必然会占有一席之地。

二、欺诈风险

众筹作为一种新兴的互联网金融模式，极大地扩大了公众参与度，是一场去精英化、去平台化的大众融资革命。该模式借助互联网高效、便捷的传播特点，建立了一种新的资金筹集机制，但本质上仍是一种低准入门槛的创业风险投资。故作为一种金融创新，众筹模式发展初期在制度监管和行业规范上的缺失，容易异化为诈骗或非法集资的工具，使得参与其中的组织和个体面临较大的法律风险。一旦出现违约，它给金融系统造成的系统性风险也是比较高的。因此，包括中国在内的各个国家眼下都在加紧研究和尝试对众筹融资进行监管。毕竟，众筹市场的蓬勃发展需要配套监管跟上，否则野蛮生长之下层层叠加的问题最终会集中爆发出来。参考其他国家在众筹方面的监管经验，置于首位的是加强投资者教育，普及众筹融资知识，充分引导投资者树立正确的投资理念，增强风险意识和自我保护能力。而且，由于众筹尚处起步阶段，许多问题和风险尚未充分显现，因此监管法律应当以原则性为主，不必规定得过细。除此之外，还应强化市场准入监管，对互联网金融机构的设立进行审批，加强对投资者权益的保护，实现众筹平台完全透明化。

三、政策风险

在发展过程中，随着股权众筹的融资规模越来越大，参与者越来越多，也可能存在 P2P 领域出现的鱼目混珠现象，也可能有很多不合格的参与者。在金融脱媒大背景下，作为传统私募股权领域的一种创新，股权众筹在发展中最重要的一点还是要把握合规性。

在美国，股权众筹已经成为一种新的融资渠道。2012 年，美国当局通过了《就业法案》（JOBS Act），该法案为创业企业进行股权众筹敞开了大门。其法案规定，在开放小企业融资限制、解除公开招股的限制的同时，也谨慎要求每一个股权众筹者每年通过股权众筹募的最高金额不能超过 100 万美元。在此背景下，美国多家股权众筹项目陆续通过资本市场项目筹资，获得了大量投资者的青睐。

然而，股权类众筹模式在中国的发展却多少有些"水土不服"。由于政策法律、配套机制的不完备，初期国内的部分股权类众筹模式遭到了前所未有的"滑铁卢"。

目前，我国股权众筹的经营模式包括：领投人——跟投人模式、合投模式、直接投资模式。以这些模式为代表的股权众筹平台在我国都得到了快速发展。股权众筹在我国快速发展过程中最大的困境就是法律障碍。参与到股权众筹中的企业和投资者利益尚不能得到法律的认可和保护，这蕴含着巨大的风险和隐患，已经引起市场和政府的高度关注。

根据《公司法》和《证卷法》的相关规定，众筹投资中的投资者数量受到限制，而中小投资者能提供的资金量都不是很大，项目所能募集到的资金就会非常有限，这将使很多项目无法进行下去。目前国内股权众筹平台普遍采用的手段是"线上＋线下"两段式操作。即在线上展示项目信息，与潜在投资人达成意向后，操作转入线下。而很多零散资金则以股权代持的方式汇聚在潜在投资人名下，股份的转让以增资扩股的方式，由企业和潜在投资人直接协调。代持人因为有记名股权凭证，其权益可以得到保障，可是对于被代持人，由于是隐性股东，没有记名股权凭证，一旦出现风险，往往会受到损失。因此，如何控制风险，如何来保障投资者利益，怎样做既能促进股权众筹这个新型互联网金融的发展，又不影响金融秩序的稳定，就成了股权众筹管理办法需要解决的问题。

众筹只是一种平台，一个让梦想有机会落地的平台。众筹模式也许无法像传统网购平台那样深入大众的生活，渗透到衣食住行的各个方面，但这种模式确实将作为一种新的互联网体验，一次次冲击着人们的生活方式和思维方式，为当今的互联网世界创造一种新的解决问题的途径。如果能以一种诚信和热忱的态度去接受新鲜事物，中国的众筹业就会真正迎来高速发展的春天。

电商巨头玩转众筹

同属于互联网金融范畴，众筹在国内的发展看起来并不如 P2P 来得那么火热。但自从主流电商开始参与后，众筹模式出现明显转机。目前，包括淘宝、京东、国美在内的国内几大电商均已推出众筹频道，并凭借资金、渠道和品牌影响力等优势，迅速抢占了细分领域的市场份额。而电商之间，似乎也形成了一种竞争态势。从家电产品到众筹平台，各大电商的竞争领域不断增加，新一轮的大战一触即发。

一、淘宝众筹

2013 年 3 月 14 日，淘宝众筹成立。以"淘心愿"的名字上线，并于次年改名淘宝众筹。上线当天，淘宝众筹创造了一项众筹人数的世界纪录，在三亚玫瑰谷爱情地标建设的众筹项目中，多达 27 万人参与众筹，共募集资金超过 350 万元。

之后，面对众筹领域众多的方向，淘宝众筹细化出科技、农业、动漫、设计、影视、音乐、书籍等几大类目。据统计，截至 2015 年 4 月 26 日，淘宝众筹共有 1100 多个项目上线众筹，参与人数超过 180 万，单个项目众筹最高金额超过 1200 万元，累计众筹金额超过 2.5 亿元。目前在淘宝众筹成功的项目中，有 40 多个已经获得风投，其中智能硬件产品占了多数。

按照淘宝众筹的规划，入驻商家可以获得完整的链条式的服务，从产品的生产加工、定位包装，到产品的物流和众筹后期的持续运营，甚至产品的迭代升级。以科技类的众筹项目为例，众筹前期有蚂蚁金服的"芝麻信用"作为信用参考依据；中间有淘宝保险的赔付体系来保障消费者；成功产出后有天猫数码、淘宝数码、聚划算等淘系资源来协作推广；还有阿里云提供服务器、有"百川计划"提供办公地点……此外，还联合了富士康来服务项目发起人。

二、京东众筹

2014 年 7 月 1 日，京东产品众筹业务"凑份子"正式上线，开始搅动中国的众筹市场。截至目前，不到两年的时间里，京东众筹玩跨界、搞创新、讲情怀，将众筹这个舶来品玩得风生水起，在众筹行业内独树一帜。据零壹财经统计，2015 年上半年，商品众筹整体交易规模达到 8.0 亿元，其中京东众筹即达到 4.5 亿元，占整个行业的 56.3%。2015 年上半年商品众筹项目 TOP15 中，京东众筹项目达到 9 个，成为了中国当之无愧的最大权益类众筹平台。京东金融的数据显示，从 2014 年 7 月 1 日上线以来，截止到 2015 年 8 月 11 日，京东众筹的总筹资额已超 8 亿元，其中筹资百万级项目超 100 个，千万级项目已有 13 个。2015 年 3 月 31 日，京东股权众筹正式上线。仅 3 个月的时间，就实现累计融资额达 3.5 亿元，共计为 45 家创业企业上线了股权众筹项目。

研究发现，高质量高数量的用户是京东众筹的显著优势，不断在项目上提出创新玩法，将给用户带来更优质的体验。京东"凑份子"的方式更近似众筹网等网络平台提供的众筹服务，也就是投资人对众筹项目进行出资，从而获得相应的产品或服务。

三、苏宁众筹

继阿里巴巴和京东之后，2015 年 4 月 23 日，苏宁金融集团旗下苏宁众筹正式上线。首期产品共推出 24 个项目，包括公益众筹、实物众筹、权益众筹、农业众筹等多个板块，覆盖了助学公益、智能设备开发、农产品直采、影视片制作、体育（足球）文创、消费金融等多个不同领域，跨界整合了苏宁金融、PPTV两大体系资源，推出足球宝、影视剧制作等新兴的收益型众筹项目。其中，足球宝是业内首次将体育、足球与众筹概念相结合打造的首款互联网金融体育类产品，兼具体育产品的娱乐性和金融产品的高回报性。

苏宁众筹为项目发起者提供一体化解决方案，通过苏宁众筹搭建与用户之间的互动平台，推出适合需求的智能单品。营销方面，项目众筹期结束之后，公司将为产品定制后期营销策略，匹配最合适的频道继续销售。推广方面，苏宁众筹将为项目开放站内推广资源，并为优质项目开放苏宁的站外品牌推广资源，实现同时在线上平台、线下实体门店同步开展众筹和众筹产品体验。

四、国美众筹

2015年6月15日，国美在线众筹平台宣布正式上线，并发布6大众筹项目，涵盖智能硬件、奢侈品、文化娱乐三大领域新奇项目。首期上线的项目主要为产品众筹，之后将会上线公益众筹、股权众筹、债券众筹等项目。

为了吸引眼球，国美在线推出了许多成熟度高且十分诱人的项目，比如"1元可参与众筹智能手环、USB变形插座、经典老牌机械表、电影票等，甚至用1元还可众筹0.5克拉裸钻"。

相对于其他众筹平台，国美在线众筹对项目的成熟度相对要求较高，不会因为项目失败而受损，投资风险更低，回报更有保障。同时，借助国美在线及国美集团的资源优势，智能家居、智能硬件、奢侈品、文化艺术将是优势项目，认筹者只需看好产品前景，即便不是产品需求者，也能获得市场回报。

从上面四大电商巨头纷纷涉足众筹领域看来，在"互联网+"的影响下，众筹平台成为电商抢手的"蛋糕"已经是不争的事实。可以预见的是，未来电商巨头之间的众筹之战，将不单纯是平台之间的竞争，而会是整个生态体系之间的作战。

众筹将成为未来互联网金融的夺宝奇兵

随着众筹类网站在中国的出现，众筹模式已经逐渐成为互联网金融的重要力量。众筹作为一种新兴的融资方式，它是以网络为依托，借助信息平台和社交网络，实现投融资双方需求的对接与撮合，传统上缺乏有效融资渠道的个人和企业，可借助众筹平台以较低成本获得资金，支撑其创新行为，大量民众可以获得直接参与创新业务投资的权利，共享创新收益。二者结合，具有金融普惠和金融平等价值，从而让每个人都获得参与和享受金融服务的机会。由此形成的市场机制、信用机制和技术机制对促进整个社会的创新气氛、解决小型企业融资难问题和金融改革有着实验和借鉴意义。

众筹作为全新的一种互联网业态，在中国发展越演越烈。尤其是目前中国的传统金融机构远远无法满足众多中小企业和个人消费的需求。互联网金融则可以为他们提供更为优质的金融服务。互联网金融的本质是众筹金融，众筹金融是互联网金融的核心，尤其是股权众筹，是"大众创业、万众创新"的重要推动力量。

2014 年，做鸡蛋生意的张志文想在鸡蛋上搞些创新，推出在蛋壳上绘画的"小捣蛋"，当时这只是一个设想，要实践的话需要购置新的设备，需要投入大量资金，风险较大。但是他最需要的并不是资金，而是推广"小捣蛋"的人。

2014 年 4 月 19 日，张志文抱着试试看的态度在众筹网上发起了"小捣蛋"众筹，目标是征集 100 个人，每个人都要先交 1296 元成为会员，然后以 1200 元一股入股"小捣蛋"。

通过后台审核后，他的项目受到了很多支持者的热议，仅仅一天内，张志文就征集到了 100 个人。这大大出乎张志文的意料，他也因此感受了网站的筹资威力。6 月 2 日，"小捣蛋"产品上线，第一个月销售额就将近一百万，之后两个月"小捣蛋"月销售额突破百万。

张志文之所以能如愿以偿，不仅在于他的产品能够打动陌生的支持者及回报足够吸引人，还在于众筹网强大的融资能力。而众筹网作为一家众筹网站，正是互联网金融的具体体现形式。

众筹是一种融资的创新模式，在互联网不断发展的今天，众筹实现了将互联网金融引入传统投资领域，既解决了个人和企业发展中的资金短缺问题，也为网络金融的发展带来了新的方向。

作为互联网金融的重要组成部分，众筹金融正成为互联网大数据移动金融时代金融创新的重要模式。众筹与预售、团购不同，也不是很多用户曲解的单纯只是买创意甚至是买东西，众筹的核心是解决产品从无到有的问题，是使创意变为现实的过程。因此，众筹的本质是金融，而不是产品销售。

当前，互联网金融存在 P2P 与众筹两种模式。相对于 P2P 来说，众筹模式的出现，本质上就属于金融产品的创新。通过众筹这一平台可以同时衍生资金资源的开发和金融市场的拓广两项创新。同时，众筹模式由于其特殊性，在其经营运作过程中必然产生一种全新而独特的制度模式，实现金融组织和制度层面的创新。另外，众筹对于融资方的意义也不仅限于资金的筹集，更是人脉、资源和粉丝的汇集。

众筹在中国起步较晚，但是随着互联网金融兴盛，其发展十分迅速。2015 年 1 月发布的《中国互联网众筹 2014 年度报告》显示，2014 年中国众筹募资总额累计达到 9 亿多元，其中四季度超过 4.5 亿元，众筹机构如雨后春笋般出现。截至 2014 年底，中国奖励类和股权类众筹平台总数已达 116 家，一年新增平台 78 家。

数据显示，2011~2013 年，我国互联网金融领域共发生 90 起投资事件，涉及企业 78 家，其中约有 40 家企业为天使投资或首轮融资。从时间序列来看，2013 年，我国互联网金融行业投资出现爆发式增长，相比 2012年投资案例增长 64%。

值得注意的是，互联网巨头也看好众筹模式，甚至已经开始投入。在 2013 年"双 12"期间，淘宝上线众筹项目"淘星愿"，当时林志颖发起出书的心愿，引得粉丝疯狂预购。到 2014 年 3 月，一些小名气的淘星愿改名为淘宝众筹。淘宝的"异动"让百度按捺不住了。百度金融在 2014 年 4 月推出"众筹"频道，试图从影视作品众筹入手，以"百度钱包"为枢纽，打通爱奇艺、PPS、大数据、百度糯米等强势资源，形成影视 O2O 的闭环。2014 年 7 月，京东旗下众筹业务"凑份子"正式上线，

2015 年 3 月 31 日，京东又上线股权众筹，采取"领投加跟投"模式，旨在解决创新创业企业融资难的问题。几大巨头在众筹领域的前后脚布局显然有着相当大的号召力。显然，继理财、保险、P2P 之后，众筹成为了互联网金融下一个角力场。

从互联网的发展路径来看，前两年更多的是行业发展，大家都在用技术和互联网改变了金融模式。直到现在，众筹开始改变企业和产业的经营、生产、发展等一系列模式。众筹的案例和成功的经验已经变成了各个产业和互联网领域相结合。未来，众筹的发展必将成为整个互联网金融的核心，也可能是对整个金融市场重构的一个革命性的转变。

第三章

筹资平台——盘点国内外知名的众筹平台

近年来，众筹在全球发展迅速。2012 年，美国研究机构 Massolution 在全球范围内对众筹领域展开了一项调查。结果显示，2007 年，全球众筹平台的数量不足 100 个，截至 2012 年底已超过 700 个。随着国内外互联网众筹平台兴起，有众多较知名、具有代表性的众筹平台为投资人和创业服务。本章将介绍几家国内外知名众筹平台的概况，分析它们各自的特色，以供大家了解和借鉴。

点名时间：中国首家众筹平台

2011 年 7 月，点名时间作为中国首家众筹平台正式上线，将众筹模式引入国内。网站创立初期，无论是出版、影视、音乐、设计、科技，还是公益、个人行为的项目都可以在点名时间发布。2012 年初，积累了半年的运营数据后发现，网站整体项目的支持率、转化率超过很多电商平台，项目筹集资金开始突破 50 万元，点名时间开始引起业界的关注，众筹模式开始在中国萌芽。

一、定位：智能硬件的首发平台

在网站的运营过程中，点名时间开始深入智能硬件产业链之中，了解创新产品的制造和创新过程中遇到的问题。发现原来国内有很多人不想再做代工和贴牌等 OEM/ODM 的模式，想创立自己的品牌。于是点名时间在 2013 年初开始，正式将重心和方向放在智能硬件领域，2013 年底开始不再接受非智能硬件类的项目。2014 年 8 月，点名时间宣布转型为"限时预售"平台，未来将专注做智能硬件的首发模式，同时点名时间要做的是智能硬件的预售电商。

点名时间的"智能新品限时预购"，包括两种含义，一个是专注做智能硬件的首发模式，定位更清晰；另一个是要做智能硬件的预售电商，要用限时预购这种模式打开 to B 和 to C 两类人的心。

从 to B 上来说，点名时间向智能硬件的生产厂家，推荐首发的模式。集合国内外，线上线下，累计 1000 多家渠道，还有点名时间 500 万名用户，做为期 30 天的采购预定。

从 to C 上来说，点名时间彻底抛弃"中国最大众筹平台"的光环，从 2014 年 7 月开始，点名时间旧有的回报型众筹将被预售取代。在点名时间预售期间，让渠道商家获得 3 ～ 5 折的市场价。让早期用户用 5 ～ 7 折抢先体验口碑扩散，让所有参与预购的用户都变成团队的粉丝。

二、运作模式

1．提交项目

硬件团队通过点名时间官网提交项目内容，包含项目介绍、项目团队介绍、回报内容介绍等。

2．审核项目

所有硬件产品都必须送抵点名时间办公室，在测试机抵达后 3～5 个工作日内，由点名时间进行严格的实际测试后，确认产品功能外观如实，才会通过上线。

3．上线准备

审核通过之后，团队即可选择上线日期准备上线。部分有潜力的项目，点名时间将给予产品定位分析、文案策划和视觉设计等全方位的协助，帮助团队打造最好最完美的首次亮相。

4．项目上线

上线后点名时间将协助硬件团队对接渠道、媒体、投资人及供应链等多方资源。

发布亮眼的硬件项目，将会吸引渠道商进行大量采购，依据过去的经验，在点名时间上的一个支持者，等于渠道采购的 100 个订单。因此，点名时间能够帮助硬件团队有效评估未来量产上市的出货量，为未来正式渠道铺货做更好的准备。

大家投：大众天使也能玩转股权投资

2012 年 10 月，大家投正式上线，它的前身是众帮天使网，是一个天使投资众筹合投平台，专注于股权众筹融资项目，为创业者和投资人提供高效的众筹服务。

一、定位：专注于股权众筹融资的平台

大家投是由深圳市创国网络科技有限公司旗下打造的股权众筹平台，是国内首个"众筹模式"天使投资与创业项目私募股权投融资对接平台，

是中国版的 AngelList，是股权投融资版的 Kickstarter。从平台性质来看，大家投就像一个供创业公司卖股权的"天猫商城"，天猫上卖东西，大家投上卖股权。投资人登录后，就能看到通过筛选的创业公司作为卖家在上面介绍和推销自己，他们逛完了网站后，根据自己的偏好和判断，购买股权。

就像天猫的交易规则一样，大家投能够在法律范围内有序运作，也有一套自己的交易规则，甚至还有一个功能类似支付宝的"投付宝"，为投融资交易的安全而设计。投付宝的原理其实和支付宝的担保原理很像，区别在于账户由银行托管，即投资者先将资金打到托管账户，再由该账户分批划拨。

二、运营模式

由于多个投资人直接入股项目会很混乱，甚至会影响到项目今后的融资，并且股份代持有法律风险，所以大家投设立了有限合伙企业的方式，首先创业项目在平台上发布项目后，吸引到足够数量的小额投资人（天使投资人），并凑满融资额度后，投资人就按照各自出资比例成立有限合伙企业（领投人任普通合伙人，跟投人任有限合伙人），再以该有限合伙企业法人身份入股被投项目公司，持有项目公司出让的股份。而融资成功后，作为中间平台的大家投则从中抽取 5% 的融资顾问费。

具体流程如下。

（1）大家投委托兴业银行深圳南新支行托管投资资金。

（2）投资者认购满额后，将钱款打入兴业银行托管账户。

（3）大家投协助成立有限合伙企业，投资者按出资比例拥有有限合伙企业股权。

（4）兴业银行将首批资金转入有限合伙企业。

（5）有限合伙企业从兴业银行获取资金后，将该资金投入被投企业，同时获得相应股权。

（6）兴业银行托管的资金将分批次转入有限合伙企业，投资者在每次转入前可根据项目情况决定是否继续投资。

（7）若投资者决定不继续投资，剩余托管资金将返还给投资者，已投资资金及股权情况不发生其他变化。

投资者可自主选择是否愿意担任有限合伙企业的有限合伙人。

三、盈利模式

假设有一个创业者在大家投网站上宣布自己的创业项目需要融资100万元，出让20%的股份。然后有一定门槛和资质的领投人认投5万元，其余陆续有5位跟投人认投20万元、10万元、3万元、50万元和12万元。凑满了融资额度以后，领投人与跟投人会以此为注册资金集体成立有限合伙企业，进入线下办理有限合伙企业注册、投资协议签订、入股项目公司工商变更等手续，资金注入创业者的企业之后，该项目的天使期融资完成，投资人就按照各自出资比例占有创业公司出让的20%股份。而融资成功后，作为中间平台的大家投则从中抽取5%的融资顾问费。

四、风险控制模式

（1）为了限制有限合伙的人数，"大家投"规定领投人和跟投人的最低投资额度分别为项目融资额度的5%和2.5%。因为为了防止有人利用合伙形式从事非法集资的活动，中国最高立法机构在合伙企业法修订草案中规定，有限合伙企业的合伙人最多不能超过50人（包括法人和自然人）。大家投的这个最低投资额度的比例设计，就是为了将有限合伙的人数限制在40个左右。

"大家投"不超过40人的有限合伙制的规则设立，也是为了绕开现有的法律规定——国内利用互联网平台向公众转让股权、成立私募股权投资基金等行为定性为一种新型的非法证券活动。也正是因为此，国内的众筹项目的回报内容都不得是股权、债券、分红、利息形式等。

（2）项目信息披露非常详细，完全实现标准化。

（3）有专业的银行实行托管。

（4）采用"领投＋跟投"模式，有效减少投资人风险。

五、投付宝

目前，股权投资最大的一个问题是信任问题。投资人怕投给创业者以后创业者跑掉或者洗掉，而创业者则怕投资人承诺的资金无法及时到账，从而在企业的产品研发和运营上无法把握节奏。此外，有些投资人借投资名义套取商业机密在现实的环境下也是常有的事情。大家投为了解决这个问题，联合兴业银行推出了投付宝，即投资人先把款打到托管账户，然后再统一办工商手续并把款拨到创业者账户。如果约定根据企业的产品开发进度分几次注资，那也可以通过投付宝第三方托管的方式进行实现。这样最大限度上保护了投资人利益，也解决了创业者的担心。

投付宝的主要内容是：投资人认投项目时把投资款转入托管账户，待有限合伙企业成立后，再按照投资人的意见分批次将有限合伙企业所有合伙人的投资款分批次转入有限合伙企业基本账户，有限合伙企业普通合伙人再将有限合伙企业基本账户的投资款转入目标项目公司基本账户。

六、领投人资质要求、申请流程

1．领投人资质要求

满足以下任一条件即可。

（1）两年以上天使基金、早期 VC 基金经理级以上岗位从业经验。

（2）两年以上创业经验（只限第一创始人经验）。

（3）三年以上企业总监级以上岗位工作经验。

（4）五年以上企业经理级岗位工作经验。

（5）两个以上天使投资案例。

2．领投人申请流程

（1）注册天使投资人即成为项目跟投人。

（2）登录后从个人中心中选择申请成为领投人。

（3）提交个人申请资料，要求如实填写学历、创业、工作、投资等经验。

（4）大家投对领投人申请资料做真实性背景调查。

（5）根据背景调查结果审核通过。

（6）领投人即可取得项目领投资格。

七、领投人职责、领投规则、跟投规则

1．领投人职责

（1）负责项目分析、尽职调查、项目估值议价、投后管理等事宜。

（2）向项目跟投人提供项目分析与尽职调查结论，帮助创业者尽快实现项目成功融资。

（3）帮助创业者维护协调好融资成功后的投资人关系。

2．领投规则

（1）一个项目只能有一个领投人，领投人认投项目须经创业者确认同意后方可有效。

（2）领投人对单个项目领投最低额度为项目融资额度的 5%，最高额度为项目融资额度的 50%。

3．跟投人项目跟投规则

（1）注册天使投资人，即可取得项目跟投资格。

（2）对一个项目的跟投额度最低为项目融资额度的 2%，最高为项目剩余未被认投金额。

（3）对一个项目跟投后，创业者有权拒绝跟投人的认投。

天使汇：互联网金融的精英聚集地

2011 年 11 月 11 日，天使汇正式上线，它是国内首家发布众筹投资人众筹规则的平台。天使汇旨在发挥互联网的高效、透明的优势，实现创业者和众筹投资人的快速对接。

一、平台定位

天使汇是一个帮助初创企业迅速找到天使投资，帮助天使投资人发现优质初创项目的互联网投融资平台。它能让好的想法迅速变成现实，让融资变得快速简单，让靠谱的项目找到靠谱的钱。最初，天使汇只是

一个创业项目和投资人之间的信息平台。但很快天使汇借鉴了国外的一些经验，提出了"领投＋跟投"的机制，领头人专业背景相对深厚，可以为非专业投资人打消经验不足的顾虑，相对于跟投人，领头人虽然要承担更多的风险，但也能获得更多的收益。2013 年 1 月，天使汇创造性地推出"快速团购优质创业公司股权"的快速合投功能，上线仅仅 14 天就获得开门红，成功为创业项目 LavaRadio 募得 335 万元人民币的资金，比预定融资目标 250 万元超出 34%。这是国内第一个在网络平台上众筹成功的项目，也是天使众筹完成的第一单，从而使天使汇升级为众筹融资平台。

二、平台优势

（1）融资前的指导。该平台的专业分析师团队会提出建议，协助创业者发现优势、表达优势，同时向创业团队提供商业计划书（BP）撰写、估值模型、财务预测、投资协议、融资谈判等各方面的指导。

（2）实现融资。天使汇平台入驻的国内外投资机构和投资人都经过严格考察，慎重选择邀请，专业而优秀。天使汇了解他们的需求，会把恰当的项目推荐给恰当的人。此外，天使汇还定期举办"Startup Engine"创投沙龙及推荐项目参加各种现场活动。通过多种手段，促成创业者和投资人双方约谈，在过程中又给予各方面协助，力求实现快速融资。

（3）宣传推广。通过天使汇审核的项目，可以得到 Tech2IPO 专项报道的机会，创业项目通过该平台快速走向市场，并为国际媒体所关注。

（4）后续融资：天使汇为初创企业提供持续的融资支持（包括 A 轮及后续融资）。

三、发展状况

自天使汇正式上线运营以来，已经完成融资项目 70 多个，融资规模达 2 亿多元，逾八成项目的融资额在 100 万元～500 万元，而天使汇认证的 700 多个天使投资人每年在天使汇上的投资能力达 65 亿元，成为中国早期投资领域排名第一的投融资互联网平台。大家耳熟能详的打车软件"嘀嘀打车"和"黄太吉煎饼"都是在天使汇上成功募集到了天使投资的资金。目前，在天使汇平台上注册的创业项目达到 8000 个，通过审核挂牌的企业超过 1000 家，创业者会员超过 22000 个。

人人投：草根天使投资众筹平台

2014 年 2 月 15 日，人人投正式上线。它是国内首家专注于实体店铺股权众筹的网络服务平台，直属于北京飞度网络科技有限公司。

人人投的项目类型主要是垂直于生活娱乐领域的实体店铺，项目模式比较传统，属于看得见、摸得着的投资。截止到目前，人人投分站数量迅速增长到 320 家，遍布全国大中小城市，会员数量已突破百万大关，上线项目近 200 个，成功融资项目 177 个，成功分红店铺 52 家，项目总交易额近 4 亿元，市估值 10 亿元。

一、平台定位

人人投作为国内股权众筹行业的代表，主要业务是为中小实体企业融资开分店，为天使投资人寻找优质实体企业项目；为实体店铺提供开分店众筹融资服务，为草根天使投资人提供优质融资实体店铺项目。旨在为投资人和融资者搭建一个公平、透明、高效的互联网金融服务平台。

人人投是以实体店为主的股权众筹交易平台。针对的项目是身边的特色店铺，投资人主要以草根投资者为主。人人投项目必须具备有两个店以上的实体连锁体验店，项目方最低投资 10%。人人投凭借有力的推广平台让项目方在线融资的同时也在进行品牌宣传。人人投不仅是众筹资金，更是为好项目保驾护航。人人投的出现，不仅能为企业解决资金问题，更重要的是，它改变了我国传统的连锁店经营模式，有助于打造麦当劳式的优秀连锁店铺。

二、平台优势

1. 专项投资。专注实体店面项目，主要以身边店铺为主，已有成功的经营理念与经验。

2. 聚集资金。为项目方更快更好地开更多的分店。

3. 线上交易。为投资者搭建项目交流平台，实现投资方项目的洽谈

与交易。

4. 安全融资。项目方和投资者在融资成功后，人人投收取一定比例的费用，融资失败不收取费用。

5. 借力聚势：汇聚各界大众投资人，凝聚投资人的力量，助力项目发展。

6. 灵活投资：投资金额 2% ～ 100%，根据投资人意愿自由投资。

三、运作流程

（1）项目方提交项目至人人投总部，等待审核。

（2）项目审核通过之后，人人投就会对项目进行全方位包装，并及时上线预热，融资。

（3）项目融资期间，投资人（注：绑定易宝支付）选择自己的心仪项目进行投资，投资金额一律打入第三方支付平台——易宝支付。

（4）项目融资成功后，项目方会向人人投总部提出资金申请，与此同时，项目方与投资人签订一式三份限《合伙协议》。

（5）审核通过之后，人人投总部同意放款。项目方拿到资金便开始选址、装修店铺及采购原材料直至店铺正常营业，期间，项目方将每一笔收支费用整理成表，通过 QQ、短信等方式发送至每一位股东手中，以便及时了解店铺的最新动态。

（6）店铺正常营业之后，人人投自主研发财务监管软件随时都会监管到项目方每一笔资金流向，从而确保投资人资金安全、有序支出，力争让每一位投资人都能够拿到分红。

天使街：专注于生活服务类项目的股权众筹平台

天使街是由多个知名投资人和专业投资机构共同发起创办的股权众筹平台及投融资社交平台，平台于 2014 年 6 月正式宣布上线。

天使街以"小微企业众筹梦想，小微天使投资未来"为己任，构建京津冀、长三角的经营网络和综合服务，天使街希望通过创新的互联网金融思维，持续推进股权投资大众化、标准化，为小微企业提供快速发展过程中的资本与资源支持，为投资人提供最佳投资机会和多渠道退出机制。

一、平台定位

天使街致力于为小微创企业提供一站式投融资综合解决方案，帮助项目方迅速融到资金，推动快速发展，同时提供创业辅导、资源对接、宣传报道等优质增值服务。帮助投资人快速发现好项目，为其领投、跟投、资源输出、经验输出等提供依据，推动多层次的投资人群体协作发展。

二、优秀领投人定义及分类标准

优秀的领投人一定是创业者的合伙人，能互相充分信任，会非常确定地对创业者进行投资；帮助创业者确定价格和条款，协助创业者完成本轮融资；完成融资后，会不断地帮助并鼓励创业者，是创业者在商量公司重要事项时第一个可以随时沟通的人；大多数优秀领投人会要求董事席位，并能在董事会上做出有利于公司的决策，也会帮助创业者协调所有的其他投资者。

领投人的分类标准如下。

（1）年薪 50 万元以上。

（2）能够承受占资产总额 5% ~ 50% 的投资。

（3）对天使街平台微信端推介的优秀项目保持关注状态。

（4）处于活跃状态的天使街投资人（最近 1 个月约谈过 5 个项目以上）。

（5）在所投领域有丰富的经验和判断力，以及一定的行业资源和影响力。

（6）能够专业地协助项目负责人完善商业模式、确定估值、投资条款和融资额及转让股份，协助项目路演，完成本轮融资。

（7）能够为项目提供政府公共关系、市场推广、品牌报道、行业上下游资源、专业的交易结构设计等增值服务。

（8）较强的风险承受能力，并且有充足的投资经验。

（9）较强的交流沟通能力，能够及时进行信息披露，将所要求的项目进展情况告知给跟投人。

（10）有很强的分享精神，乐意把自己领投的项目分享给其他投资人。

（11）具有一定的投资影响力，必要时能够为项目争取更多的跟投机会。

三、跟投人的分类标准

1. 年薪 20 万元以上。

2. 对投资风险有一定的认知和接受能力，能够承受占资产总额不超过 20% 的投资。

3. 愿意支持创业项目的成长和发展。

4. 对天使投资行业有一定的了解和关注。

四、投资人星级分类标准

1. 行业投资人

具有某行业 10 年及以上的从业经验，能够为项目在该行业中的发展提供建议。

2. 三星级投资人

（1）具有 3～5 年投资工作经验，或 2 年及以上大型投资机构工作经验。

（2）有创业经验者佳。

3. 四星级投资人

（1）具有 8 年以上投资工作经验。

（2）有成功创业经验者佳。

（3）参与过 3 个及以上投资案例。

（4）至少 1 个投资项目成功退出。

4．五星投资人

（1）10 年以上大型投资机构工作经验，并且达到总经理或合伙人级别。

（2）参与过 8 个及以上投资案例。

（3）至少 3 个投资项目成功退出。

五、领投人的权利与义务

（1）享受优先了解优秀项目的权利，在约谈项目时具有领投人资格的投资人具有优先约谈的资格。

（2）在申请成为项目领投人时，优先选择星级较高和对行业较了解的投资人作为领投人。行业投资人和星级投资人可以共同作为领投人进行投资。

（3）投资额超过项目方的期望融资额时，投资人和项目方之间进行协商，所有投资人共同降低份额，或者领投人单独降低份额，同时也可以跟创业者协商接受超额部分资金，释放更多的股份。

（4）领投人的投资份额占到项目融资额的 5% ～ 50%。

（5）每个项目最多只能有 2 位领投人。

（6）当项目融资额达不到目标融资额时，领投人应当发挥领投人作用，尽可能找到更多的跟投人参与项目投资，促成项目投资成功。

（7）领投人要代表众多跟投人，积极参与到投后管理中。

（8）如果项目成功，相关记录将会进行备案，成为将来项目选择领投人的重要依据。

（9）单个项目单次融资的投资人数量不超过 40 个，任何时刻股东总数不超过 200 个。

（10）投资人超过 3 个时，成立有限合伙企业投资该项目，领投人作为普通合伙人进行管理，一个有限合伙企业最多 2 个普通合伙人。

（11）因投资成立的有限合伙企业要向天使街按照规定进行信息披

露，在领投人无法履行义务时而无其他领投人接替前任领投人时，平台相关的投资公司将作为普通合伙人行使决策控制权。

（12）融资成功后，领投人将获得项目方额外 1% ~ 3% 的股权激励。其中三星投资人获得 1% 股权，四星投资人获得 2% 股权，五星投资人获得 3% 股权。

（13）投资项目的有限合伙企业将拿出退出收益的 20% 奖励给领投人（10%）和天使街平台（10%），剩下 80% 由所有投资人根据持股比例来分成。

六、跟投人的权利与义务

（1）跟投人的起投金额采取单项目制，根据每个项目融资额来设定最低投资额，具体项目融资额不同会有所不同。

（2）跟投人对项目情况享有知情权，可以通过给领投人提供意见来参与到项目决策中。

（3）行业投资人除了具有和普通投资人相同的权利和义务外，还应当协助跟投人完成行业分析和调查，为创业项目提供行业指导，之后根据项目方与领投人的协商给予适当的利润分成奖励。

（4）跟投人在投资的过程中可以要求创业项目及时进行适当的信息披露，具体内容按照平台的披露规则进行披露。

（5）在选择跟投人时优先选择对项目能够提供帮助的人，如曾经在该行业中从业、能够为项目提供更多的渠道资源等。

（6）跟投人不参与重大决策，如果跟投人提前退出，根据合同一年之内在有限合伙公司内部流转，超过一年，投资份额对外公开转让。

（7）跟投人在对项目信息披露和领投人管理方式存在疑问时，能够通过天使街平台提出质疑，领投人和项目方有义务给出解答。

（8）跟投人如果在本轮投资额度超过 50% 或累计占企业总股比超过 20%，可以申请董事会中的观察席。

七、领投人流程

（1）投前。通过天使街平台选择自己感兴趣的项目，并与创业者深入沟通，确认领投意愿。天使街协助领投人对项目进行尽职调查。

（2）投中。帮助创业者完善BP，确定最终估值、融资额、投资者席位数和投资条款。通过天使街和自己的人脉推荐项目给自己熟悉的投资人，协助项目路演，帮助项目落实跟投。

（3）投后。能够代表跟投人出席董事会，尽最大努力为项目提供有价值的帮助、指导和资源。

八、天使街平台服务范围

1．投前服务

（1）对于众多创业者提交上来的项目，天使街平台会首先提供创业项目的注册服务，需要项目负责人按照商业计划书模版提供详细的项目信息介绍，包括项目的商业模式、盈利模式等，创业项目需按照平台的模版要求填写。

（2）投资人可以通过网站进行注册，在注册的过程中可以申请成为领投人，天使街平台对投资人进行审核，考察其是否具有成为领投人的资质，包括投资经验、行业经验等。

（3）针对提交上来的项目信息，天使街平台首先进行初步筛选，针对信息不完善、商业模式不合理的项目，会直接进入后台系统，对于进一步修改后有投资价值的项目，平台会直接和项目负责人取得联系。

（4）对于筛选出来的项目，天使街平台仍会及时与项目负责人取得联系，进一步对项目信息进行专业化的完善，保证呈现在网站上的信息是真实可靠，并且能够简单直观地为众多投资人提供有效信息。

（5）对于天使街平台筛选出的优质项目，会定期在微信平台进行推送，及时将优质项目推介给投资人。

（6）对于比较关注具体行业的投资人，天使街平台会进行定向推送，随时和投资人保持联系。

（7）对具体项目有投资意向的投资人，可以在平台上提交投资意向，同时投资人可以在平台上提交想要约谈的时间段，天使街平台为创业项目和投资人进行双向安排。

（8）天使街平台对项目的尽职调查提供一定的建议，领投人可以按照自身的投资经验和行业经验进行调查。

（9）创业项目负责人与天使街平台签订融资服务协议。

2. 投中服务

（1）投资人在提交了投资意向和金额之后，天使街平台会主动联系投资人进一步落实投资，促成投资的完成。

（2）投资过程中天使街平台协助领投人对项目进行管理。

（3）领投人因各种原因无法领投时，在找到下一任领投人之前，由天使街平台代替进行管理，行使决策控制权。

（4）项目投资过程中由天使街平台协助创业项目进行信息披露，具体的披露内容由平台规定，创业项目按照规定进行信息披露。

（5）天使街平台为用户提供网络空间及技术服务，在投资过程中创业者和投资者反馈的用户体验等问题，后台部门会解决并跟进，并且会将解决情况如实反映给网站用户。

（6）当投资过程中出现跟投人提前退出的情况时，天使街平台遵循一年期间内部转让份额，一年后对外转让的原则，协助投资者完成内部或外部的投资份额转让，保证投资过程的有效进行。

（7）创业者通过天使街平台融资成功，平台收取融资额的 5% 作为服务收入，且占股项目方 1% 作为股权激励，积极帮助项目方促成下一轮融资，在下一轮融资时主动退出。

（8）天使街平台作为普通合伙人对投资项目参与管理时，要作为普通合伙人参与利润分成，分成份额按照所有曾经担任普通合伙人的领投人的贡献度（包括但不限于所占有限合伙企业的股份比例）决定。

3．投后服务

（1）天使街平台旨在协助创业项目完成天使轮或 A 轮投资，创业项目成功完成融资之后，平台、投资人和项目方按照之前签署的协议进行分成。

（2）如投资者和创业项目负责人均对投资过程无任何异议，天使街平台正式帮助双方完成手续处理，本轮通过平台的融资成功并且正式结束。

（3）对于投资过程有异议的投资者或创业项目负责人，向天使街平台进行信息反馈，平台安排双方按照正常的法律程序进行协调。

（4）在平台进行融资的创业项目信息将会被完整地保留并进行整理，便于进行后续管理和合作。

（5）天使街平台将协助领投人对项目进行投后管理，项目方根据平台规则提供详实、客观、准确的企业信息，及时提交到平台上，高效反馈到投资人手里。

（6）天使街平台会向投资者和创业项目负责人征求改进建议和反馈，并且将改进成果及时推送给投资者和创业项目负责人。

（7）投资项目的有限合伙企业拿出退出收益的 10% 奖励给天使街平台。

九、平台优势

1．为创业者带来什么

（1）快速融到资，获取友好的协议条款，且估值合理。

（2）融资地位更主动，为后续融资提供很好的背书。

（3）信息披露更好、更规范，引导企业规范管理。

（4）更多宣传和曝光，帮助企业做品牌推广和市场营销。

（5）更多资源帮助企业发展，解决钱以外的问题。

（6）融资金、融资源、融资本，帮助解决创业过程中的客观问题。

（7）找到创业路上志同道合的朋友。

2．为投资人带来什么

（1）轻松、高效选择众多优质项目。

（2）更多一起投的机会，分散风险。

（3）精准匹配擅长领域，与其他行业专家一起投资感兴趣的项目。

（4）随时获取已投项目的信息数据，进行方便有效的投资全流程管理。

（5）发挥自己的专业能力，扩大个人影响力。

（6）将自己的经验、资源带给需要的人。

（7）实现个人理想，获得精神上的满足。

"凑份子"：国内互联网巨头进军众筹领域

2014年7月1日，京东金融推出自家的众筹业务——"凑份子"，开启了对众筹业务进行标准化改造的大幕。"凑份子"意为大家把钱凑到一起给有点子的人，让他们实现自己的创意。除去供应链金融、消费金融、支付业务及平台业务之后，这是京东金融推出的第五大业务。

"凑份子"首期上线的项目有12个，其中7个是智能硬件项目，5个为流行文化项目，这12个项目的共同特点是新奇好玩，比如可随心控制颜色、亮度甚至配有蓝牙开关的灯泡，还有汪峰鸟巢演唱会、《小时代3：刺金时代》众筹项目等。京东金融做这件事的内在逻辑是这样的：首先京东是B2C平台，有流量和影响力，发起人在京东"凑份子"上更容易获得注意力和资金。以象扑君为主角的新书《咦，被发现了呢》首发的众筹项目，上线不足10天，已经募集资金162426元，募集资金的比率达到了1624%。这其中，除了象扑君这个角色的影响力以外，京东的品牌背书和流量无疑起到助推器的作用。更重要的是，京东"凑份子"背靠京东商城这一电商网站，让好产品很容易找到用户，可以利用京东既有的供应链和物流把产品卖出去，让项目发起人不必为这些指端末节发愁。

传统电商只是一个销售平台，京东此举将电商在整个产业链条上的位置大大提前，进入到初始的创意策划、模型阶段，由销售平台转变为综合性服务平台，众筹业务的加入将使京东金融更加渗透到生活、娱乐的各个方面。众筹项目具有定制的特性，京东本身流量巨大，个性化的智能硬件也将带来粉丝效应，提升京东用户的活跃度、增加用户参与度，强化对平台的黏性，提高京东的号召力。这既是电商行业业态发展的进化方向，也体现了京东的战略眼光，实为一种"视野重合"，抓住了发展机遇。

与其他平台最大的不同在于，京东金融将电商平台在产业链中的位置前置，变单纯的销售平台为从创意到量产的孵化平台，颠覆了传统的电商模式。在现阶段，筹资平台的角色是弱化的，孵化和推广平台的角色更为重要。自己的项目很新奇，充满趣味性，但这些优点还需传播出去得到认可。传统创业者往往是孤独的，在面对创业的风险时茫然无措，将自己的产品放到平台上进行众筹，在获得资金的同时也能获得投资者对项目的意见和反馈，并将项目的优势传播出去引起注意，这在降低创业者风险的同时，也增加了其成功的概率。

对筹资人而言，"凑份子"不仅仅是一个筹资平台，更是一个孵化平台，京东作为国内最大的自营式电商企业，其强大的供应链能力、资源整合能力，为筹资人提供从资金、生产、销售到营销、法律、审计等各种资源，扶持项目快速成长。在智能硬件领域，京东众筹平台还将联合"JD+计划"，携手创客社区、生产制造商、内容服务商、渠道商等，搭建京东智能硬件开放生态；京东智能云将提供芯片级联网服务，全方位大数据、云开放平台服务及功能强大的超级 APP 等，促进智能硬件团队的健康发展。

在保护出资人利益上，京东金融对筹资人的背景及诚信度进行严格的审核和筛选，筹得的资金也会实行监控，做到专款专用。除此之外，京东金融还增加了好评度机制，增加了筹资人与出资人之间的信息透明度，实现对出资人的双重保护。

从现阶段来看，做众筹需要具备的条件是流量、衍生服务及金融工具，即支付通道，对资金进行监管。而这些要素是京东金融所具备的，尤其是衍生服务有更为突出的优势，京东作为国内最大的自营式电商企业，

其强大的供应链能力、资源整合能力，以及京东智能云提供的全方位服务，为项目迅速成长，走向主流化平台带来各种支持。而一个非电商的众筹平台是无法对项目提供衍生服务的，无论是筹资方还是消费者，难以提供更多服务。

就目前来看，"凑份子"这个项目不应是属于现在，而是属于未来的。产业环境需要搭建，用户习惯需要培养，规则秩序需要不断完善，这都是不太容易完成的任务。但好在京东在各个环节中具备显著的优势，做起这件事来应该会事半功倍的。

从供应链金融、消费金融、支付业务、平台业务到今天上线的众筹业务，京东金融在互联网金融的布局逐渐多元化。作为京东金融重要的发展部署，众筹业务未来的发展方向不仅仅局限于产品众筹，还会结合自身优势，成为将创意、梦想变成现实并迅速走向主流化的重要平台。

可以预见的是，无论是在硬件垂直领域的众筹模式（点名时间、众筹网、追梦网），还是电商的众筹业务，它们都会或多或少地对某一行业内产品的首发、供货、渠道、定价等因素产生影响。如果单看硬件众筹，它更像是依托在极客群当中的产品模式，不过电商的切入加速了这种模式的商业化及左右未来的可能性。

Kickstarter：最大最知名的众筹平台

Kickstarter 于 2009 年 4 月在美国纽约成立，是目前全球最大的众筹平台，曾被《时代周刊》评为"2010 年最佳发明之一"。

一、定位：专为具有创意方案的企业筹资

Kickstarter 的定位是"专为具有创意方案的企业筹资的众筹网站平台"，致力于支持和激励创新性、创造性、创意性的活动。通过网络平台面对公众募集小额资金，让有创造力的人有可能获得他们所需的资金，以便使他们的梦想实现。Kickstarter 提供了"有创意、有想法，但缺乏资金"与"有资金，也愿意捐款支持好创意"的平台。Kickstarter 相信，一个好的创意，通过适当的沟通，是可以快速地广为流传的；同时，集结众人的力量来集结资金与精神上的鼓励，可以让你更实际也更有勇

气地实践自己的好点子。

kickstarter 网站的创意性活动包括：音乐、网页设计、平面设计、动画、作家和所有有能力创造及影响他人的活动。

二、操作流程

Kickstarter 平台的运作方式相对来说较为简单而有效：该平台的用户一方是有新创意、渴望进行创作和创造的人，另一方则是愿意出钱、帮助他们实现创造性想法的人，然后见证新发明、新创作、新产品的出现。

三、商业模式

Kickstarter 的商业模式涉及的 4 个主体分别为融资人、捐助者、Kickstarter 平台和第三方支付机构 AmazonPayment。

Kickstarter 对全世界各地的捐助者开放及对美国和英国的创设者开放。任何人都可以向某个项目捐赠指定数目的资金，网站收取很低的佣金。对于项目发起人来说，只要向 Kickstarter 提交项目说明，经过平台简单审核后即可发布。发起人的项目说明主要包括融资目标、项目介绍、支持人回报和风险因素等。Kickstarter 为项目提供的融资期有 60 天和 90 天两种，只有足额融资的项目才能获得资金，否则资金将被退回。另外，Kickstarter 仅允许发起人以项目的衍生产品对支持者进行回报，如海报、音乐光盘或电影中的角色等。

捐助者为自己喜欢的项目进行各种层级的投资，可以是 10 美元，甚至也可以是 1 万美元。若一个项目在规定的时间内达到了融资人预设的融资额，则融资成功，捐助者会在项目完成后，按照之前的条约获得相应的回馈。反之，若在规定时间内融资额没有达到预定标准，已经捐助进去的钱会返还到各自账户。

Kickstarter 平台会在项目发布前对其进行评估，只有通过审核的项目才能在网站上发表出来。若项目融资成功，Kickstarter 会抽取融资额的 5% 作为收入。这 5% 的佣金收入便是 Kickstarter 的主要收入来源。

AmazonPayment 则是整个交易过程中最重要的资金托管和交易平台。因为捐助者的钱全部打进 AmazonPayment，融资者也只有通过

AmazonPayment 才能把钱转进自己的账户。Amazon 会依照交易额的大小收取 3% ~ 5% 的交易费用。在美国，涉及直接货币传输交易时，有的州规定需要获得 MoneyTransmission License（货币传输证），而 Kickstarter 并没有作为直接的资金托管和传输平台，一定程度上避免了此法律风险。

四、融资状况

2011 年底，据 Kickstarter 官方介绍，捐助者的人数已超过 100 万。这约 100 万个捐助者中，89% 的人都至少成功捐助过一个项目，有 11% 的人从未捐助成功过，只捐助过一个项目的人占 84%，捐助过多个项目的人占到 16%，最积极的捐助者曾为 724 个项目捐了钱。

根据其业绩总结，2011 年筹集资金已接近 1 亿美元，较 2010 年增长了 259%；发布项目数约 2.7 万，增长 143%；融资成功项目数约 1.18 万，项目成功率从 2010 年的 43% 增长到 46%。而 2012 年初，又有两个项目的融资额连续超过 100 万美元，由此可见，Kickstarter 的增长势头一直呈上升趋势。

Indiegogo：美国第二大众筹平台

Indiegogo 是目前美国第二大众筹平台，成立于 2008 年 1 月，总部位于旧金山，业务遍布全球。最初专注于电影类项目，现在已经发展成为接受各类创新项目的众筹平台。

Indiegogo 的创始人 Danae Ringelmann，创业之前，是个有金融背景的美国青年女性，她曾先后就职于摩根大通及投资银行 Cowen and Company，随后又进入加州大学伯克利分校的沃尔特·哈斯商学院攻读 MBA。不过她关注众筹，更多源自于她对于戏剧和电影的热爱——作为一个资深爱好者，她曾利用业余时间筹拍戏剧，却苦于缺乏资金支持。

当时，众筹的概念尚未兴起，但 Danae 早已有了社会化融资的想法。在伯克利期间，她打算成立一家能够为电影和戏剧筹集到足够资金的公司，恰好她的两位同学—— Indiegogo 的现任 CEO Slava Rubin 和前任 CTO Eric Schell 对此也很感兴趣，也拥有相关从业经验。后来，三个人一拍即合，创建了 Indiegogo 网站。

一、定位：多元化融资的众筹平台

与其他融资平台主要服务于特定行业不同的是，Indiegogo 的服务多元化，从肝脏移植、发新专辑到开餐厅等都可以通过这个平台进行融资。

Indiegogo 上的项目被归为 3 类：一是创业与发明，二是创意与艺术，三是其他个人梦想与社会项目。发起的项目可以是发明一款未来派的便携式医疗设备，也可以是创作一张蓝草口琴专辑，还可以是帮邻居修补被雷劈到的房子。总而言之，所有这些项目都被 Indiegogo 一视同仁。从数量上来看，这 3 类各占到 1/3，不存在创业类项目一枝独秀的现象。

Indiegogo 不限定他们的客户类型，无论是企业需要融资，还是个人生病医治需要融资都可以。因此，被誉为众筹界的"安卓"。

二、运作模式

有别于其他平台，Indiegogo 不对网站上发布的项目进行审查，支持者承诺支付的资金会直接分配给项目创始人，如果项目没有达到预定筹资目标，则由项目发起人决定是否退还已筹资金。

Indiegogo 活动主页给了创业者们一个展示介绍性视频的机会，其次是活动的描述和什么是要完成的。页面顶部有单独的标签用于项目主页更新，侧边栏跟进项目的融资进展和资助者资助特定数目的资金可以获得的回报。

显然，为了维持运作，Indiegogo 需要赚一些钱。Indiegogo 会收取募集资金的 9%，但如果项目达到募集目标，会返还给用户 5%。所以，如果项目募集资金成功，发起者只付出了 4% 便成为 Indiegogo 活动家。

Indiegogo 会在活动界面上给出个人的简短链接和一个分享键，用户可以很容易地通过 Facebook、Twitter、谷歌、电子邮件传递消息给他们的朋友。

Indiegogo 还通过将页面合并到其搜索算法来帮助项目发起人分享活动。这种算法被称为"Gogofactor"。社交媒体上更多的人分享项目发起人的项目时，项目发起人的 Gogofactor 增加，提高了上 Indiegogo 首页的机会。

因此，Indiegogo 不仅给了创业者募集资金的机会，更给了他们宣传推广自己项目的机会。在这些推广中，他们还有机会获得一些有价值的评论与建议，并用于改进自己的项目。

三、发展现状

Indiegogo 正在进行的众筹项目有 7000 个左右。自 2008 年平台创建以来，已完成超过 20 万次筹资活动。当 Indiegogo 在 2014 年 1 月公布其 B 轮融资情况时，透露了正在专注扩展国际市场的战略。的确，Indiegogo 上非美国公司项目数量正在增多，有超过 30% 来自于美国之外的国家。

2014 年 5 月，Indiegogo 宣布获得新一轮融资，他们公布了参与此次融资的 8 位知名众筹投资人名单，不过并没有透露具体的投资额度。此轮融资的价值远不止筹资的资金本身，更体现了其众筹投资人能给该平台带来的专业性和强大的社会资源。也就是说，经验、建议和关系网络才是这次融资的核心意义。来自 Paypal 的投资也许非常有用。Indiegogo 的确通过 Paypal 完成付款流程，两家公司的紧密合作看来是双赢的。同样在 2014 年 3 月，Paypal 也调整了众筹政策，计划与平台更加紧密合作，以减少信用欺诈及不必要的账户冻结。

Indiegogo 平台在项目成功率上暂时落后于 Kickstarter，然而此轮融资却表明众筹投资人更加看重 Indiegogo 开放的平台环境，Indiegogo 的前景不容小觑。

四、众筹保险

我们前面讲述了，众筹是有一定的风险性的，在诚信体系、监管力度不够的情况下，很可能变成骗局，拿完钱不做事，这不仅让支持者损失金钱，更重要的是人与人之间起码的信任都没有了。所以，Indiegogo 推出了众筹保险，如果众筹的公司迟迟无法交付产品，它就会对支持者进行赔偿。

Indiegogo 表示，在这一保险之下，如果众筹公司在承诺期后 3 个月内还没交出产品，它就会赔付。现在，保险属于可选项目，Indiegogo 在一个众筹上进行了尝试，保险费为 15 美元，而产品为 129 美元。

如果一切顺利，Indiegogo 应该会在更多项目上加入保险服务。不过，现在还不清楚它是会与保险公司合作，还是自己承担保险赔偿费。不过，既然要给用户赔钱了，相信它会对众筹的项目进行更严格的审核。

Crowdcube：全球首个股权众筹平台

Crowdcube 成立于 2010 年 10 月，是英国一家股权众筹平台，也是全球首个股权众筹平台，曾被评为 2013 年欧洲最火热的 Tintech 公司，截至 2014 年 7 月，Crowdcube 已经为超过 130 家公司筹集到 3000 万英镑的资金。

一、定位：以权益为基础的众筹平台

Crowdcube 是世界上第一个以权益为基础的密集型筹资平台，它的建立基于股权众筹模型。股权众筹模型是为创业者筹资的新模型，使创业者能够绕过商业众筹投资人和银行，直接从公众获得安全的资金。这个模型的主要原则是，任何人都应该能够对企业进行投资并且获得股权。创业者与英国注册公司可以向数千名微众筹投资人甚至是普通人展示他们的业务和投资潜力，方式可以是上传视频、图片和证明文件。这些微投资人可以投资于任何业务，即使规模只有 10 英镑。

二、运作模式

1. 项目上线

项目上线的第一步是项目申请，由创业者向 Crowdcube 提出申请确认公司价值和目标融资金额，并提供项目描述、退出策略、经营计划和未来 3 年财务预测。这个过程以专业性为主，在 72 小时之内，Crowdcube 会根据历史数据和以往经验对项目的适合性进行审核，并且提供详尽的修改意见，以便第一次申请失败的公司能够再次申请。

第二步是制作标书。申请书通过审核后，创业者可以根据自己的融资需求，设定融资额，提供一定股权回报，并用简洁、专业的语言把自

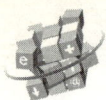

己的融资计划发布在 Crowdcube 上。Crowdcube 要求众筹投资人提供以下信息：股权比例；目标筹集资金；免税政策；股权类型；奖励；融资期限。

2．选择项目

项目上线后，投资人就可以选择项目投资了。投资人可以根据自己的喜好、意愿，通过项目经营行业、公司所处阶段、已经募集金额等条件进行筛选。根据法律要求，Crowdcube 不能通过收取广告费把某个项目置顶或放在醒目位置。Crowdcube 的默认分类是：热门——临近截止日期——新上线，热门定义为：在一周之内募集资金达到目标金额的50%。

Crowdcube 特别设置了问答环节，有利于双方直接沟通。另外，Crowdcube 与 Facebook、Twitter、Linkedin 合作，投资人和公司可以通过这些社交网络进行交流。创业者也可以充分利用自己的社交圈。

Crowdcube 在投资之前会对众筹投资人做出风险提示。其主要风险包括：损失投资额、流动性风险、低概率分红和股权稀释。确认投资金额后，投资人转账到第三方支付平台——Gocardless。

3．资金募集

当融资期届满时，如果一个项目所融的金额达到了目标数字，则股权融资成功。Crowdcube 和律师事务所 AshfordsLLP 合作，与企业签订相关协议，帮助企业及企业法律顾问设计相关有法律效力的文件，发送给投资人进行确认。投资人有7个工作日的时间考虑，最终确认投资金额。之后资金由第三方支付平台 Gocardless 转账到公司账户，投资人收到股权证明书后完成融资过程。除了股权回报之外的礼品，创业者应在完成融资后的60天内邮寄给投资人。至于后续的分红及股权回报并不在Crowdcube 的监管范围之内。若未达到目标金额，则融资失败，已融资金返还给投资人，Crowdcube 不收取任何费用。若超过目标金额，继续融资，至期限届满。

三、发展现状

自 Crowdcube 成立以来，成绩斐然，也展现出了较大的发展潜力。截至 2013 年 12 月底，已经成功融资近 1650 万英镑，85 个项目融资成功，成功率达到 24％，平均每个项目融资 19 万英镑，最快只用了两天半就达到既定融资目标。创业者年龄跨度较大，从 20 岁到 70 岁，平均年龄 40 岁，融资者已经扩展到各个年龄段。Crowdcube 共有 54804 名会员，平均投资金额 2500 英镑，一个项目平均有 79 名众筹投资人，最多 649 名，最少 1 名。这些众筹投资人中有 13％投资次数超过 1 次，1 名投资人最多参与了 66 个项目，最大单笔投资是 2.5 万英镑。

此外，投资项目涉及零售、食品、互联网、科技、制造、健康、媒体等 15 个行业。在获得投资的行业中，零售业、食品业及互联网业占据了半壁江山，远高于其他行业，原因在于这些行业与普通人的生活息息相关，可能投资人有类似的生活经历，所以这些非专业性项目比较容易获得大众的认同，引起普通人的关注。此外，项目地点主要集中在经济金融发达的英国东南部。

在前 10 个英国股权融资项目中，通过 Crowdcube 成功融资的占 7 个，以上数据充分说明 Crowdcube 在英国有一定的影响力，平台本身是可行的，有可能发展成为改变投融资格局的中坚力量。

ArtistShare：专注音乐的众筹网站

2003 年，ArtistShare 在美国成立，这是世界上第一个众筹网站，自此拉开了众筹行业的序幕，平台创始人为 Brian Camelio，被人们称为"音乐众筹之父"和"众筹金融的先驱者"。当时传统音乐行业正在受到数字音乐的冲击，试问如果一首歌可以在网络上随时下载或是从朋友那里轻松复制过来，排除那些忠实粉丝和版权维护者，又有多少人会去买 CD 呢？据 Camelio 回忆，在当时全球的唱片公司每年要花费十亿多美元去吸引公众购买 CD，数字音乐的出现令实体音乐的销售极其艰难。此时，Camelio 认为，音乐行业是时候改变了。

ArtistShare 率先提出，艺术的结果固然重要，但是艺术的创造过程有价值。平台希望能够引领音乐行业由最初的零售物理音乐产品转移到为粉丝提供参与创作机会的服务。ArtistShare "为富于创造力的艺术家服务的全新商业模式"受到广泛赞誉，它通过新颖的原创项目筹措渠道同时惠及艺术家和粉丝，并创造了一个坚定、忠诚的粉丝基地。

如今被称为美国最具领导力的爵士乐女编曲家玛利亚·施耐德（Maria Schneider）便是借助 ArtistShare 走向格莱美领奖台的成功音乐人代表之一。师承爵士乐大师 Gil Evans 的 Maria Schneider 经过了在纽约多年的卧薪尝胆，于 1993 年组建了她的大乐团，并在 1994 年凭借首张专辑《Evanescence》被爵士乐爱好者们所认识，别有一番不同色调的《Evanescence》也是她献给大师 Gil Evans 的乐曲。

从那以后，Maria Schneider 率领着她那 17 人的乐团，开始了她独特的音乐创作历程，她们在世界各地的音乐节和音乐厅演出，她本人亦多次受邀与不同的高水准音乐团体合作，足迹踏遍欧洲、北美洲、南美洲、大洋洲及亚洲等地区。与 Maria Schneidere 的音乐创作同样受人关注的还有她独特的筹资模式，她是首个在 ArtistShare 平台上为自己筹资的艺术家，也是首位通过 100% 网络发售，走进格莱美殿堂的音乐人。在此之前，几乎没有人相信一张从来没进过实体店，也没进入亚马逊的音乐专辑能获得认可。

Maria Schneider 在一开始也感觉这种做法非常像小白鼠，但事实证明这条路非常适合她，而她赶上了一个与众筹音乐模式同步从零开始的好时机。ArtistShare 从 2003 年开始运营，2005 年，她便凭借《Concert in the Garden）》获得了第 47 届格莱美最佳大爵士乐团专辑，成为历史上首张没有在线下发行的格莱美专辑。

凭借着格莱美带来的光环，2006 年 7 月 28 日～ 2007 年 7 月 28 日的一年间，Maria Schneider 再次在 ArtistShare 平台上发布了《Sky Blue》，引来了大量媒体关注。

ArtistShare 上每个音乐创作项目都有不同的套餐供网友选择认购，从项目发起筹款之日到音乐创作完成，网友可以有选择性地不同程度参与到创作中来。以《Sky Blue》为例，网友出资 9.95 美元，便可获得初级参与者套餐，而执行制作人级套餐的售价则高达 18 000 美元。

初级参与者套餐内容包括完整下载电子版专辑，一段从未发行过的 Maria Schneider 音乐创作及《Sky Blue》整张专辑的创作笔记。而执行制作人套餐只发行一份，获得的回报包括专辑执行制作人的署名，受邀到专辑录制现场，Maria Schneider 乐团一整年演出的 VIP 入场券，限量版 CD 及每个月收到一次创作进度的视频汇报。

ArtistShare 是一个连接艺术人和音乐爱好者的平台，音乐人在这里与听众分享自己的创作过程，听众在这里出资支持自己喜爱的音乐作品。作为互联网行业第一个为艺术向公众开放筹资的平台，ArtistShare 从 2003 年 10 月开始陆续推出项目，音乐迷们通过为项目投票的方式参与艺术的制作过程。作为回报，为项目提供启动资金的乐迷们能够获得限量版的音乐光盘或演唱会的 VIP 门票等。

在众多众筹平台中，ArtistShare 的最大特色也是其快速成功的因素之一便是聚焦于为音乐圈中人服务，既充分利用了众筹金融模式的所有特性，又有针对性地吸引了一批音乐圈内的精英人士，为许多怀才不遇的当代音乐人指明了道路。

ArtistShare 让音乐价值观相同的人走到了一起，在这里人们相信音乐的核心价值在于创作者的独特创造性和创作者将灵感变为现实的独特过程。AnistShare 的发展重新定义了音乐产业，通过鼓励人们为音乐创意注资，让越来越多的人了解某个音乐作品的制作过程，让聆听者更早更多地参与音乐的诞生历程；而创作者通过与消费者直接接触，更真实地了解自身创作的实际价值，更有把握去诠释音乐的精髓，ArtistShare 模式的日趋成熟，昭示着音乐产业一场新变革即将来临。

第四章

发起众筹——实施众筹项目的方法和技巧

　　尽管众筹能够给创业者带来很多的方便，但并不是所有的创业者在众筹网站上都可以获得最后的成功。再加上众筹网站本身对于项目的一些审核机制，很多项目甚至未上线就会夭折。所以，对于发起人而言，需要掌握一些技巧。不了解这些，成功就是一纸空谈，即便取得了暂时的成功，也会为后来的失败埋下隐患。如何进行众筹更容易成功呢？本章将重点介绍众筹的流程及方法，供大家参考。

你手里的项目可以众筹吗

我们知道，众筹有低门槛的特点，似乎任何产品都可以进行众筹。但研究表明，我国目前的众筹平台上线的项目虽然很多，但成功率并不高，这就意味着并不是所有产品都适合众筹。那么，什么产品才适合众筹呢？或者说什么产品进行众筹的成功率较高呢？下面为大家来做个介绍。

1. 新颖独特的产品

通过调查表明，众筹平台上的一些科技创新产品往往能够引起人们的关注。原因是这些产品足以让人感到新奇，激发人们的参与热情，也自然能为我们的产品带来可观的流量及曝光度，这样就能吸引更多投资者的投资积极性，从而增加产品众筹的成功率。遵循这一规律，众筹的产品必须具备独特的创新元素，抑或是产品独具某种文化特性，其本身就能吸引到比较多的投资者眼球。

2. 感知性的产品

我们知道，众筹的目的就是要吸引足够多的用户来支持我们的产品。如果我们的产品太过于复杂，用户根本不懂得如何操作，这样就很难让用户与我们的产品形成共鸣，在心理上很难接受产品。这就意味着，我们的产品就必须具备较强的感知性，也就是说，我们的产品设计不能够太复杂，最好能与人们的生活息息相关。如京东众筹上的"三个爸爸"空气净化器就是一个具有非常强烈感知性的产品。项目方以爸爸和孩子的亲情作为出发点，让孩子能够在空气干净的环境下生活，引起父亲对产品的兴趣，这点充分体现了产品感知性的重要性。

3. 生产周期短的产品

产品要容易制造。项目的发起人在一定的时间范围内需要向投资人发送相对应的回报，如果产品的制造十分麻烦，或者需要超长的时间来制作，那么就没办法按时发货，会增加后续产品交付的风险。相反，如果产品很容易制造，易于大规模生产，这样的产品比较适合产品众筹。

4．符合大众需要的产品

产品必须得是很接地气，或者说大部分人确实需要。因为如果我们的产品过于专业，比如生物科技类，就会将大多数用户排除在外，只有少部分用户对它感兴趣，也就相应地减少了产品的有效用户群，用户群减少投资的价值也就相对减少，产品众筹的成功率也会相对降低。

5．具有粉丝营销价值的产品

大家都知道，产品众筹除了具有品牌宣传、产品调研、试验产品等价值之外，培育粉丝也是产品众筹的重要价值因素之一，这是因为具有粉丝营销价值的产品更容易夺得关注席位，更能为产品提供良好的口碑效应，从而增加产品的曝光率。尤其是随着各种新技术的广泛应用，粉丝经济已经是这个时代的主旋律，粉丝参与的积极性已成为衡量一个品牌能否被大众所接受的关键因素。也就是说，任何一款产品都离不开初期粉丝的培养，而培养粉丝的过程又是一个长期且痛苦的事情。如果我们的产品具有很强的粉丝营销价值，显然能够缩短和降低这一过程的时间和压力，从而加快产品的成熟期，实现盈利的时间也会相对较短，投资者当然就更加青睐我们。

例如，在乐视网上有一个很火的众筹案例——"我签 C 罗你做主"，乐视网当时宣布每人只要投资 1 元，筹集 1 万元，乐视网就签下 C 罗作为世界杯代言人。那一万个支持者可以成为乐视网的免费会员，并有机会参加后续活动。因为 C 罗是顶级球星，这个众筹消息一发出，就有很多球迷前来支持了。

规划好你的众筹项目

古人讲，凡事欲则立，不欲则废。说的是计划的重要性，无论做什么事都要有个计划，众筹也是如此。要想自己发起的项目能够众筹成功，事先就要做好充分的准备，规划好众筹项目。对此，我们结合在众筹平台的实际操作经验，归纳总结了以下几点。

1．完善的市场调研

众筹并不是一个"来之能用"的快餐式活动。在确定发起项目之前，

完善的市场调研计划是必不可少的。面对你可能的投资者，发起者必须做到"有理有据"，而市场调研的数据，就是最直观的武器。

2．确定项目内容

在众筹开始之前，考虑好将要在平台上展示的信息形式。仔细思考每个信息部分及它所需要包含的内容及情感，同时将整个项目讲清楚、简单化，便于讨论交流。可以从一句朗朗上口的标语开始，展开你的众筹。只有这样，他们才会继续阅读我们的众筹页面。要仔细设计项目标题、简介及页面安排。要假设受众只有几秒钟的时间，要在这几秒内让受众理解你到底是干什么的。

3．将费用及其他花费纳入项目预算

关于众筹项目的预算问题，首先要考虑的是费用问题。例如，对于一个成功的众筹项目，某众筹网站要从集资总额中收取 5% 的费用；而针对未达到既定目标，而选择接受收到的任何数量资金的项目，某众筹网站要收取 9% 的费用。支付处理费用又占你所筹集到资金的 3% ～ 5%。如果你的主要目的是为了盈利，就必须要将税金、奖品、将要花费的费用和邮费等纳入项目预算考虑。

4．设定筹资总额

目前，国内众筹平台上的项目众筹总额一般在 10 万元～ 1000 万元。项目方可以根据项目情况制作一份完整的资金需求表，以确定自己需要的资金最小额。设定筹资总额时尽量不要偏离这个需求太多，否则很难筹得项目方所需要的资金。当然，如果项目足够有创意、足够有趣，也可以进行尝试。通常情况下，建议筹款目标金额的设置宁可"低就"不可"高成"。

5．设置筹资挡位和回报方案

结合项目特点与融资目标，对你的目标部落人群进行分析，划分为几个投资层次，从而设定合理的筹资挡位；还要在对投资人群体进行分析的基础上，抓住不同挡位潜在投资人最感兴趣的东西或最在乎的需求，给予他们最恰当的回报方案。

以《小世界》这个图书众筹项目为例，作者设定了 9 元、59 元、99 元、

299 元、499 元、3299 元几挡，并且设置了个性化的回报内容，如作者签名、明信片等。另外，在 299 元、499 元、3299 元的挡位上还分别设置了解答疑问、制作相片书、半天面对面拍摄等回报，使得这几个选项虽然价格高，仍然有人支持。这说明，一定要有与众不同的、富有新意的回报方式。

6. 设置众筹活动周期

项目筹资时间是必备项目要素，设定时间不宜太长，太长的话会让早期支持者等得不耐烦；也不宜太短，时间设定得太短的话，项目还没引起关注时间就到了，支持金额不够，只能宣告失败。通常来说，项目的周期为 30 天最为适宜，一些项目发起人可能认为项目筹资时间设定的时间长一点，希望就大一点，获得的资金就会多一些。实际上，真正好的创意不在于天数的多少。

7. 提前计划好众筹目标调整

在项目进行到一半的时候，如果你想继续良好的势头，可以选择调整众筹融资目标的方式，也就是提高目标金额。例如，你原来的目标是 10 万元，在达到这个目标之后，你可以将目标调整到 15 万元。如果成功达到这个新的目标，你的支持者将会获得额外的奖励。这样做的好处就是让你的已有支持者重新开始关注你，并且鼓励他们在朋友圈内分享你的项目，从而让更多人看到你。

总而言之，一场成功的众筹必然是经过周密策划和准备的，绝不是上了众筹就能等着收钱的，做好精心的策划准备和适当的投入，才能做好一个成功的众筹。

找到适合你项目的众筹平台

在美国，有一位教授，他想为自己发明的一款医疗设备进行融资，这款设备可以检测登革热病。于是，他打算在 Kickstarter 为项目筹资，但由于 Kickstarter 的现行条款，受到限制的项目无法在平台进行融资。这位教授的情况是：他的发明必须先通过美国食品和药品管理局（FDA）的审查，之后才能进行公开融资。后来，他的一位朋友推荐他去 MedStatr 网站，该平台可帮助医疗保健技术的发明人进行众筹。最后，他顺利地在该网站上发布了众筹项目。

从这个事例可以看出，创业者想要更快更好地融到资金，选择一个适合自己的众筹平台是非常重要的。每一个众筹平台都有自己的特点，如果找的众筹平台不能够为自己提供资源，或者说对自己项目不清楚就很难融到资金。

首先你要确定你发布的项目属于哪种众筹模式，我们前面讲过，众筹分为回报类众筹、债权类众筹、股权类众筹和捐赠类众筹等。

如果你希望的回报为股权，可选择股权类众筹，筹集资金以付出股权作为对价；如果你希望众筹的回报为金钱，可选择债券类众筹，付出高于募集资金的资金作为对价；如果无具体回报方式，则选择公益捐赠类众筹；如果以产品作为回报，则属于回报类众筹。

在弄清楚上面这个问题后，我们就可以开始选择一个合适的平台了。目前做众筹比较好的平台有京东众筹、淘宝众筹，还有一些专业的众筹网站，如众筹网、人人投、天使街等。这些众筹各有优势，其中京东众筹的流量比较大，众筹的金额也相对较多，这是一个优势。不过，选择京东未必也是好事，一者京东上的项目较多，二者京东也可能会要求你自己前期要先刷 30% 的单。此外，京东的管理费要收 3%。淘宝众筹的优势是不收钱，但是没有太重视众筹项目，带来的流量不多，众筹的项目比较少。至于其他专业的众筹网站，金额普遍不大，成功率会小点，他们的优势是坚持众筹的精神，不会轻易让别人作弊刷单。选择什么样的众筹平台可以根据产品来定，电子产品可能京东、苏宁较好；公益性的，可能选择小众些的众筹平台较好，因为他们比较公平。另外，还可以和上述平台谈条件，看哪个平台给的位置好，给的扶持好，还有就是研究以上几个平台上的项目，有没有和自己相似的，如果是独一无二的，或者是竞争不多的那就好，如果这个平台前不久或正在做类似的项目，那建议另选平台。

挑选众筹平台时要注意以下问题。

（1）众筹平台是否有资质和规模。选择众筹平台时，从安全性的角度来看，最好挑选那些比较著名、有金融服务资质、规模较大的众筹平台。因为众筹服务本质上是金融业务，不管未来是由证监会还是由银监会监管，都会涉及一些现存的众筹网站的合法性问题。

（2）选择综合类平台，还是垂直类平台。目前众筹平台很多，大都是各有侧重。有些是综合类众筹平台，有些是垂直类众筹平台，你需要根据项目情况选择适合的平台。比如，你是一小众筹的 Live 歌手，那么在音乐垂直类平台就更容易找到知音；如果你是面向广泛公众服务项目，那么在综合类平台上就能获得更大的客户群。

（3）对比平台提供的增值服务情况。每个众筹平台提供的众筹服务都有所不同，因此你需要了解每个平台提供服务的优点和缺点。特别是那些能提供后续服务增值服务的平台，如后续的项目孵化服务、音乐作品的演出售票服务、对项目发起人的持续培训和辅导能力等，都可以纳入选择众筹平台的考察范畴。

有了项目和挑选好合适的众筹平台后，基本上算是迈出了众筹的第一步。

如何发起众筹项目

在规划好自己的众筹项目及选择好众筹平台后，我们就要开始发布项目信息了。那么要如何发布项目信息呢？我们以众筹网（www.zhongchou.com）为例，给大家详细讲解一下。

一、发起人要求

（1）作为项目发起人，您应为众筹网的注册用户，完全理解并接受相关协议。

（2）作为项目发起人的单位应为依法成立并登记备案的企业法人或其他组织；作为项目发起人的个人，应为年满 18 周岁并具有完全民事行为能力和民事权利能力的自然人，如项目发起人未满 18 周岁，应由其监护人代为履行相关协议权利和义务。

（3）应按照众筹网的要求，进行必要的身份认证和资质认证，包括

但不限于身份证、护照、学历证明等的认证。

（4）应拥有在中国大陆地区开户并接收人民币汇款的银行卡或支付宝账户。

（5）应妥善保管在众筹网的用户名和密码，凡使用您的用户名和密码登录众筹网进行的一切操作，均视为您本人的行为，一切责任由您本人承担。

二、项目要求

（1）在众筹网上发起的项目，应明确具体的开始时间和结束时间。截止到项目结束时间，如项目众筹金额低于预定众筹金额，则项目众筹失败；如项目众筹金额等于或大于预定众筹金额，则项目众筹成功。

（2）不应抄袭、盗用他人的成果发起众筹项目，创意类产品必须为原创。

（3）发起的项目不得包含非法、色情、淫秽、暴力等内容，不得含有攻击性、侮辱性言论，不得含有违反国家法律法规、政策的内容及其他众筹网认为不适宜的内容。

（4）在众筹网发起的项目，不得在国内外同类众筹网站同时发起。

（5）在众筹网上发起的项目不得涉及种族主义、宗教极端主义、恐怖主义等内容。

（6）应对自己及您发起的项目进行介绍，内容包括"关于我""发起该项目的目的""项目的进展和风险""为什么以众筹的方式发起该项目"和"项目众筹成功后的回报"等。同时，应向项目投资人充分说明项目存在的风险及挑战，以便于项目投资人对项目有全面充分的了解，从而独立慎重作出是否投资的决定。

（7）发起的项目应内容完整、合理，具有可行性。

（8）发起的项目不应与第三方存在任何权利纠纷，否则因此导致的一切损失（包括众筹网因此被第三方权利追索而遭受的一切损失）由您本人承担，与众筹网无关。

（9）在项目发起后的运行过程中，应及时回复网友的提问，与项目投资人进行充分互动，促成项目众筹成功。

（10）项目发起后，应及时更新项目进展情况，以包括但不限于以照片、视频、素描等方式展示项目的进度信息。

三、项目发起流程

（1）使用众筹网账号或合作账号【登录】众筹网，如无账号请先【注册】。

（2）首次登录后，填写基本信息，单击"下一步"按钮。

选择你的身份类型

个人　机构

输入中文姓名，2~20个字符

二代身份证，输入数字或字母

手机号，输入纯数字，10~15位数字 　　　　*请填写您的手机号码

请选择　　　　　　　请选择

填写您的详细地址(非必填)

选择你要创建的项目类型

| 科技 | 公益 | 农业 | 出版 | 娱乐 |
| 艺术 | 房产 | 其他 | | |

科技类项目发起上传资料

上传相关材料

个人身份证-正面　　　　上传

个人身份证-反面　　　　上传

产品图片　　　　上传

选择平台服务内容

提示：根据以往成功项目经验，选择更多的平台服务内容筹资金额就会越多，项目成功率也会越大。

● 1、渠道费 1.5% + 服务费 0%《服务内容》

下一步

（3）创建你的项目信息，单击"下一步"按钮。

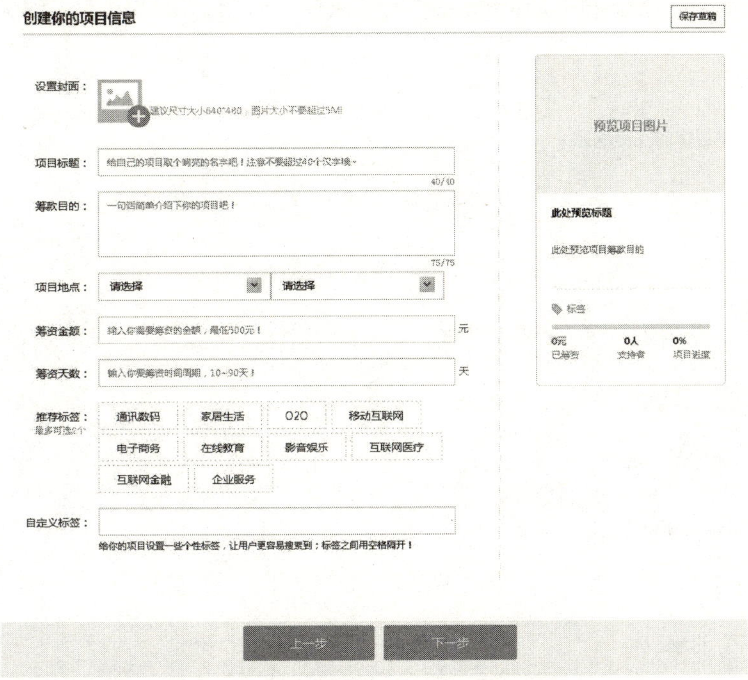

（4）描述你的项目详情，单击“下一步”按钮。

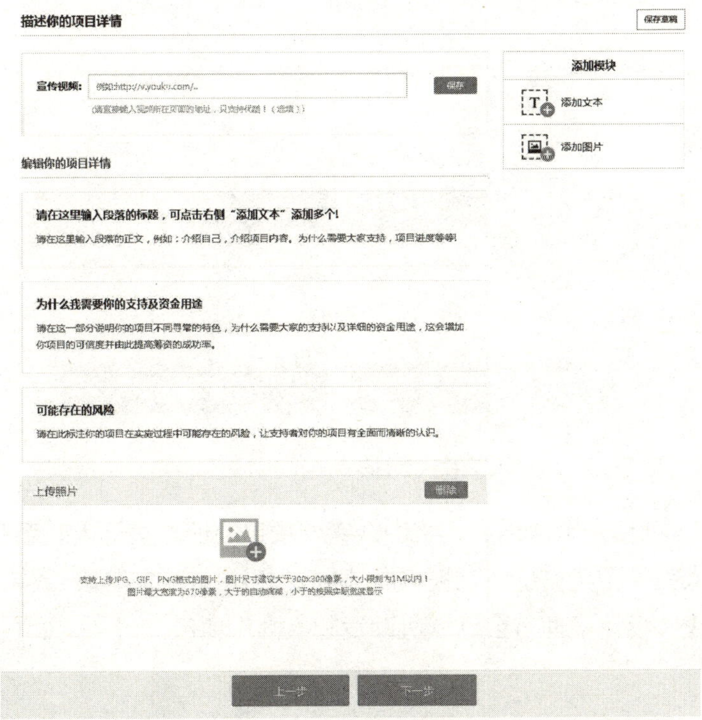

（5）设置你的项目回报，单击"保存"按钮，最后单击"提交审核"按钮。

设置你的回报信息　　　　　　　　　　　　　　　　　　　　　保存草稿

TIPS：回报信息是让用户支持你的项目，你给予一定的回报内容，可以是具体实物也可以是虚拟信息

回报1

选择回报类型：　● 实物回报（回报需邮寄）　　　　虚拟回报（回报无需邮寄）　　　　抽奖回报

支持金额：　输入需要用户支持的金额(必填)　　　　元

回报标题：　输入回报标题（必填）

50/50

回报内容：　回报内容（必填）

500/500

人数上限：　0　　　　个　"0"为不限名额

运费设置：　0　　　　元　"0"为不收运费

回报时间：　0　　　　天　"0"为项目结束后立即发送

上传图片：　支持jpg、jpeg、png、gif格式，大小不超过500KB。

删除　　　　保存

+继续添加新的回报

上一步　　　　提交审核

（6）项目发起成功，进入审核后台。

（7）项目初审合格后，将由众筹网项目经理与发起人联系并全程辅导发起人完善项目信息及回报机制，随后项目进入终审阶段。终审合格后，项目上线，项目经理将会继续协助发起人推广项目。

如何让你的众筹项目脱颖而出

对初创公司和创业者来说，众筹已成为一种简单的融资方式。在众筹平台上，各种创业点子层出不穷，但并不是所有众筹都能取得成功，引起人们的关注。究其原因，除了项目自身的问题外，就是很多人不懂得宣传和推广。要想推广和实现你的众筹项目，可以尝试以下几个方法。

1. 制作一段吸引人的视频

在线众筹活动最重要的营销工具之一就是视频。事实证明，包含一个视频的项目获得资金支持的可能性更大。往往许多投资者对众筹项目的第一点兴趣都来自于网站上的发起视频。视频不仅能让投资者了解众筹项目，更能让投资者直观地感受到镜头后面创业者的个人魅力。投资者往往需要情感上的共鸣，所以视频是一种极具煽情性的方式。为更好地到达目的，创业者应当明确他的受众，在镜头里完整、亲和、激情地表达自己的商业理念。新概念手机 Lightphone，在 Kickstarter 平台以 20 万美元的目标发起众筹，最终筹款 40 万美元翻倍完成目标。其联合创始人 Joe Hollier 坦言道，"对我们来说最难的部分是制作视频。这需要我反复加工、锤炼用词，能够更好地向别人推介自己的想法。这绝对是一锤子买卖的事，不成功就没了。"

然而，许多创业者并不重视这一环节，他们只想花最少的时间和精力来应付这项工作。显然，这样的视频并不能够引起投资者的兴趣。有个人从自己失败的视频制作中学到了经验，他说："我的视频做得很糟糕。在此之前，我让业内几个朋友观看了视频，他们建议我不要参加众筹活动。他们说，'你不应该展现低于你工作水平的东西。'"由于视频质量差，众筹项目没有达到既定目标。其实，如果这个人的视频质量更好一些，他的项目可能在网站上吸引更多资金。所以，为了达到更好的推广和宣传的作用，你的视频必须足够吸引人，让人们会跟自己的好友分享，并最终掏出他们的钱包。

2. 选好图片

这是最简单且最显而易见的方法。当我们浏览众筹网站时，或者你的朋友通过链接浏览你的项目时，都会看图片，如果图片平淡无奇，人们很有可能不会点击进入网页，这样就无法看到你的项目。所以，一定要上传多张清晰且精美的产品图片，尽可能在图片中展示产品的特色及细节，这样用户可以更好地了解产品。

3．大力为筹资活动进行宣传推广

众筹并非"酒香不怕巷子深"的活动。一般来说，众筹之前的宣传还是有一定的效果，如果这方面多投些精力，成效也会非常明显。你应该准备好一套营销方案，搞清楚如何进行宣传推广。你应该早就在进行预售，几个月前就在跟关注者谈论自己将会提供的产品，向他们汇报项目的最新进展，让他们在项目上线之前就产生兴趣。

在芝加哥，有一家做纪录片的电影公司，之前出品过很多大受好评的纪录片，如《篮球迷》《阻断者》《新美国人》等。最近，他们打算通过众筹的方式来拍摄一部关于罗杰·伊伯特的纪录片——《生活》，并邀请了明星马丁·斯科塞斯和维尔纳·赫佐格参与合作。在众筹期间，他们举行了一个非常有趣的活动——把罗杰·伊伯特的铁杆粉丝和年轻的粉丝聚集到了一起，为每一位投资者送出一份罗杰·伊伯特的电影影评。这一方法巧妙地利用了现有资源，吸引了更多的新老支持者。

另外，产品的宣传和推广还要从身边人开始。从你在平台上众筹一款产品开始，自己的家人、朋友、邻居和同事，他们就成为了你第一批忠实的造势者，让他们帮我们做口碑，众筹产品就能迅速获得关注。上线短时间内，就可能达到众筹的目标，最后超额完成融资额。

4．做好自传播的准备

众筹本身所蕴含的媒体和社交属性，可以为创业者带来传播，但这并不意味着创业者本身就可以高枕无忧。要知道，众筹网站所涉及的项目众多，各个项目的面向不一样，推广人群也大有差异。它可能无法提供最适合你的项目的推广渠道和方式。所以，不能单纯依赖众筹网站为你作推广，作为项目发起人，要和网站团队一起努力。你还要利用微博、微信、网站论坛等各种途径，分享和交流你的众筹项目，积累人气，吸引人们的注目。因为众筹能否成功，发起人的作用就跟众筹网站的团队同样重要。如果只是想把方案扔给网站就想万事大吉，那显然是不行的。

5．注重与支持者的交流

一个新的众筹项目上线，在引发众筹用户围观的同时，难免会有很多人对此项目进行评论，或者以"猎奇"的心态，表扬项目好；或者以"资深用户"的心态，直接指出这个项目的不足。这个时候，无论用户的评论是好是坏，众筹创业者都应该加强与这些用户的交流。如可以建立消费者的 QQ 群或微信群，不断在里面和消费者互动，回答消费者感兴趣的疑问，并且培养铁杆的众筹粉丝，甚至可以采取用红包刺激的形式，引导消费者不断关注你众筹的进展，帮你宣传众筹的平台，甚至直接参与众筹。所谓积少成多，不要忽视每一个众筹用户的意见，一般能够参与众筹的，他们都是周围人的舆论领袖。另外，你还要向支持者随时汇报项目的最新进展，他们会成为你稳定的传播宣传渠道。

6．实施节奏要快

在项目发起之前，应该深思熟虑，设计好文案、视频、图片、宣传文稿等必要的营销工具，一旦发布就要迅速达成项目结果。因为被公开的项目创意，会有被别人仿效的风险。所以，要迅速推进，快速迭代。这里的快速迭代，也包括你回报项目要迅速兑现，以实现自身的口碑。对于跨度周期很长的项目，可以分解为数期项目分步完成。

有个网友是一位旅行爱好者，他在拉萨选择了一个 500 平方米的空间，希望为"沙发客"建立一个小客栈。众所周知，对于 500 平方米空间的客栈，需要较大的资金投入。为了验证这个想法的可行性，这人先在众筹网发起了募资 5 万元的众筹项目，设置了非常具有吸引力的回报模式。这个原定 75 天的筹资项目，仅用了 30 天就募资完成。

有了实践经验和初期支持了 5 万元的"原始粉丝"，此人立即发起 38 天 15 万元的第二期募资，结果以 17 万元超募完成。这就是一个典型的"分期推进"案例。

利用社交平台完成众筹目标

众筹成功的精髓在于发动众人，将打动一人的难度分摊到茫茫互联网用户群中，所以众筹是机遇也是挑战，更是考验一个人的社会交际能力。

不论你的项目创意有多好，没有人会守在众筹平台上关注你的项目。所以，你还要考虑如何有效利用社交平台，快速吸引观众。

《社交红利》的作者徐志斌，在项目发起之后两周时间内，通过其微博、微信、QQ群发、新闻投稿等一切手段，每天都在积极发布和推动众筹项目的宣传，取得了初步获得3300个粉丝的成绩，继而再通过这3300个初试粉丝的沟通，取得了总印数超过5万册的成绩。显然，这是一个利用社交平台实现预售的成功事例。

在众筹的过程中，如果仅仅把精力放在搭建某众筹平台的项目页面上，即使众筹平台本身再有名气、项目描述得再图文并茂，也难免形同守株待兔。众筹网站上同时推出的项目众多，涵盖的领域也是方方面面的，极容易分散人们的注意力，这时你需要社交网络的助力，让项目的创意被更多人了解。

如今的互联网，社交网络已占据了主要的位置。如微博、微信等，都可以算是社交网络，将大部分活跃的人聚集起来，通过文字、图片、语音等形式分享着身边的事。这些社交网络吸引着更多兴趣相投的陌生人成为朋友结成圈子，也衍生出海量流量和机会，为众筹和创业者提供着源源不绝的新机会。

众筹是一个社交模型，一个众筹发起人在众筹网发布了一个项目，很多人可能在网站上看不到，但链接是存在的，众筹发起者可以将链接分享转发到微信朋友圈或微博，在朋友转发的过程中建立起层层信任关系，通过自己的一度人脉、二度人脉完成众筹，这才是典型的众筹玩法，社交基因非常明显。所以社交是众筹的基础。

社交网络普及之后，让人与人之间的沟通交流变得十分简单，同时朋友圈、群的作用又可以对人的信用进行检验和监督。通过一个人的所有社交活动，完全可以窥探到他的全部，再通过社交网络这个复杂而又科学的人脉神器，你甚至可以认识全球任何一个人，这曾经是 Facebook 的愿景。而社交效率和信用监督得到保证之后，也为众筹从精英层向平民的发展提供了强有力的支撑。

当然，社交网络的影响不只表现在信息传播上，还表现为实际交易行为中的"跟风投资"，这一特点在互联网时代更加突出，如果一个投资项目能够在较短时间内迅速增长，马上就会有大量的跟风投资者加入。英国的股权众筹网站 Seedrs 曾做过一个数据统计，很好地说明了这个问题。

"自 2012 年 7 月成立以来，已有超过 17000 名投资人加入 Seedrs。投资者可以分为两大类：第一类是'独立投资者（independent investors）'，他们来到 Seedrs，试图发现并投资潜力巨大的创业公司，他们占投资者的绝大多数；第二类投资者的规模较小，但是重要性却不可忽视，我们称之为'社交投资者（network investors）'，他们加入 Seedrs，是为了投资从朋友、家人或外部网络的某个人处获悉的特定的创业公司。"

"在创业公司通过 Seedrs 寻求资金的过程中，独立投资者的反应要强于社交投资者。独立投资者可能与创业者素未谋面，但是他们认同创业者的项目或商业模式，因此决定以资金投资的方式加入到这些公司的创业之旅当中。相比之下，吸引社交投资者就需要做大量的工作了。创业者需要利用各种线上线下的社交工具——包括媒体、推特、脸书，花费大量的时间来说服社交投资者进行投资。（这部分属于创业者主动利用自身的熟人网络，或者其他渠道扩散消息获得的投资者，创业者需要付出额外的努力或关系才能获得这部分人的投资。）"

"对于 Seedrs 或类似的众筹平台而言，筹资成功的秘诀在于：独立投资人如果看到项目筹资交易势头强劲，有最终完成的希望，才会考虑投资，而创造这种强劲交易势头，靠的就是社交投资者提供的首批资金。"

Seedrs 上列出的所有初创企业中，在启动资金为 0 的情况下，只有不到 15% 的公司最终达到筹款目标。换句话说，创业时没有来自社交投资者的投资，你只有不到 15% 的成功机会。

无数成功众筹案例说明，社交平台推广活动对众筹项目的成功起着重要的作用。找对社交圈推广途径，几乎不费吹灰之力就能把人们的目光吸引过来。

但如何找到适当的切入点在社交媒体上吸引人们的关注，这件事不能操之过急。如今，越来越多的人对微博平台的依赖性慢慢减退，转而活跃在微信朋友圈里，打开微信朋友圈，每个人发布的原创内容渐渐被转发的大量公众平台信息所取代。而对项目发布者而言，微信既是微博推广的延续平台，又要巧妙区别两种宣传方式。

微博讲究的是时效性，人们打开微博页面，五花八门的信息夹杂着商业广告同时呈现在眼前，由自己去选择感兴趣的内容跟踪关注。而安装在手机上与微信附着在一起的朋友圈则不一样，人们打开微信或朋友圈时更期待看到的是已经过筛选且对自己有意义的信息。

因此，在微信平台推广项目时，背景故事、团队介绍和项目的发展进程部分可简洁陈述，而应着重突出该创意的实现对读者的积极意义，让已经送到眼前的信息尽可能多地获得读者的认可，赢得其对项目的支持。在介绍项目的最后，不要吝啬语言，清晰地告诉读者"如果你喜欢这篇文章，请转发到朋友圈"。

综上所述，不同的社交网络平台有着不同的推广效果及侧重点，想要充分利用社交网络把项目传播开来，不妨借鉴以下步骤。

首先，在众筹平台搭建起项目介绍页面，尽可能利用图片、音频、视频、文字等多种形式细致具体地介绍创意发起的原因和预期发展的效果；与此同时，在微博、微信或社交网站的博客平台上再建立一个众筹网站之外的详细项目介绍页面，以避免自己的创意"迷失"在众筹系统各种各样的筹资项目中；接着，在微信或微博上发布实施进展信息，维系人们对项目的关注度和热情，在微博中还可设置链接，将人们引导到项目的详细介绍中来；最后，巧妙利用微信的强大传播效力，直接告诉目标受众投资该创意项目所带来的直接收益。

总之，在发起众筹项目的过程中，需要尽可能多地发动大众，让大家一起来支持某个项目和创意，因此，社交网络是必不可少的线上推广途径。利用社交网络推广自己的众筹项目并非单纯地在不同网络平台上发布同一事件信息，而是需要选择目标受众聚集的平台，为自己的项目公关、与网友互动，甚至公开接受各种发问并将答案做到滴水不漏，这些才是利用线上社交平台推广众筹的关键所在。

设计一个最打动人心的故事

听故事是每一个人的天性。一个有好故事的人，更容易被记住，一个有故事的产品，在市场上更有明显优势，因为感性的大脑更容易被故事感动。

在众筹项目中，除了要有过硬的产品和好的创意外，你还要学会讲故事，用故事去打动人。好的故事可以表达一种精神、传达一种理念。有些时候，众筹项目本身不能博得人们的眼球，而项目背后所蕴含的背景故事却可以成为人们为之买单的动力。

朱江曾因国内首个通过股权众筹方式成功融资的案例被媒体称为"股权众筹第一人"。在他看来，国内众筹平台有两大短板：一是投资人资源严重缺乏，二是项目投资人不会"讲故事"。

事实也的确如此。在当前竞争激烈的市场环境下，有发展潜力的优质项目早被专业投资机构挖走，而选择通过众筹方式融资的大多质量欠佳。在此情况下，项目发起人就显得至关重要。如果项目本身比较传统，没有爆点和想象空间，就不能激起投资人的兴趣。再加上项目创始人不善表达，不能讲出振奋人心的故事，那么这个项目的融资进度便会大打折扣。

很多时候，众筹的投资人看重的是"人"，而非"项目"。目前，众筹平台上的项目大多是干巴巴的项目介绍，加上投资人对项目发起人并不了解，这很难激起投资人的兴趣。所以，一定要学会讲一个好故事，这样才能引发关注。

在 2013 年 11 月，一本名为《小世界：温情爸爸的拍摄手记》的摄影书出版了。这是一本通过众筹而出版的图书，纪录了作者周华诚的女儿出生成长的 7 年时光。这本书得到了社会各方的肯定，数十家媒体报道推荐此书。而此次众筹出版的成功却皆因一个温情的故事。

作者在众筹网上是这样描述的。

我是一名作家，一个摄影师，更是一位中国孩子的父亲。

2006 年，从女儿出生的那一天起，我拿起了相机，把镜头对准了女

儿和家人，拍摄每一个日子里点点滴滴的瞬间。在光阴的流逝里，女儿一点点地长大。如今 7 年过去了，我的女儿已经从幼儿园毕业，上了小学一年级。留在我电脑硬盘中的数万张照片，还有我给女儿写的几万字长长的信件，成了我们最宝贵的财富。

简短的讲述，毫无雕饰，至真、至纯，令人怦然心动。作者通过讲述一个朴素而又真诚的故事，顺利完成众筹目标，众筹成功。

有什么比讲一个打动人的故事更具吸引力，更加引人入胜呢？将众筹项目用讲故事的方式表达出来，不仅可以告诉大家一个引人注目的故事，而且还可以让每一个人对你和项目有更多的了解。这是帮助搭建发起人和投资人之间桥梁的关键。

遗憾的是，目前很多众筹平台的项目发起人讲故事的能力有限。他们把一个个干瘪的创意和一堆枯燥的文字堆到了网站上，象征性地配上几幅照片或视频，就希望能拿到创业基金。投资人并不了解他和他要做的事，所以很难掏腰包为发起人的梦想买单。那么，该如何讲一个打动人心的故事呢？

1. 故事要通俗易懂

通俗易懂好记、贴近实际。让投资者感到项目专业，又易于理解。众筹投资者能意识到这是个好项目，解决了客户的"痛点"，填补了市场的空白。

2. 故事里要有对市场的独特分析

故事要阐述众筹融资者对市场的独特分析，让投资人认为你是个玩市场于股掌的"老猎手"。但你这个老猎手很坦诚，不仅告诉了众筹投资人企业的优势、特点、资金用途，还坦诚了项目可能的风险。这不会影响投资人的信心，反会让其感到更踏实，感受到众筹融资者真诚的品格。一句话，这个真实、理性的故事会让投资者相信你，相信你的融资项目。

3. 故事要有激情

创业者的激情对于很多众筹投资者来说是至关重要的，因为它常常是创业者动力和意愿的一个体现，不止如此，创业者的激情对于投资人也极具说服力。一位投资者曾经说到，"只有当我能从创业者那里感受到激情，感受到想要干成事的那种炽烈的时候，我才会投资。"激情成就事业，所以你所讲的故事最好能让投资者感受到你的激情。

4．故事里要有情感

讲故事一定要有代入感，要让别人从你的故事中看到自己。因此，故事的场景应该都是我们日常生活的场景。例如，在一个为贫困山区捐款的众筹项目中，你说贫困山区很穷，别人不会产生同情，但是如果让你说你看到山区的一个小女孩是怎么刷牙洗脸、吃饭睡觉的，大家就会心生怜悯。所以，你要讲的故事要有画面感，这样才能打动人。

玩"情怀"以诚动人

"你是想卖一辈子糖水，还是跟着我改变世界？"

这是 1983 年乔布斯说过的一句话，当时的百事可乐总裁斯卡利听完后毅然加入了苹果公司。用现在的话来说，乔布斯这句名言可谓是洋溢着浓浓的"情怀"。如今"情怀"二字可是热门，大大小小的公司，几乎都能讲出点儿情怀来。尤其是创业公司，所谓"无情怀不创业"。

为什么大家都开始讲情怀了？因为那些埋头钻研产品、四处跪求融资、绞尽脑汁宣传的创业者们突然发现，情怀这个东西原来可以帮自己做很多事。罗永浩一句"我不在乎输赢，我只是认真"赢来无数掌声，也为他的锤子手机销售做好了光环铺垫。罗永浩却使得他手机产品的粉丝先于用户而诞生，这就是情怀的力量。

情怀是一种新型的推广手段，相比于挖掘产品自身的硬件特点，情怀赋予了产品的人文价值观，这是其他产品无法抄袭和比拟的。同样，众筹也要有情怀。每一个众筹项目的背后，都是一个故事，都有一种情怀。一个众筹项目能否获得成功，关键在于，你是否有足够的实力，去匹配你所宣扬的情怀；你是否在宣扬了情怀之后，真正努力去做好产品和服务。

2014 年 10 月 21 日，京东众筹金额最高纪录被刷新：三个爸爸儿童专用空气净化器在上线的第 29 天，众筹金额突破 1000 万元，成为京东首个千万级众筹。事实上，三个爸爸创造的奇迹不止于此。众筹开始半小时达到 50 万元，不到 1 小时冲破 100 万元，12 小时内超过 200 万元！

无一不令人振奋。截至 10 月 22 日上午项目结束时，三个爸爸儿童专用空气净化器在京东众筹平台的筹集总额为 11226231 元。

已筹到

众筹成功

¥11226231

此项目必须在 2014年10月22日 前得到 ¥500000的支持才可成功！剩余 0 天！

3732 名支持者

作为一个全新的品牌，在众筹平台做出如此成绩实属不易。那么，三个爸爸是凭什么创造奇迹的？这究竟是一款怎样的净化器呢？

三个爸爸空气净化器是一款主打儿童空气净化市场的智能空气净化器，制造产品初衷是为了给自己未出生的孩子增加一层保障。"我们是在用爸爸精神为自家孩子造产品，所以绝对是用最好的材料、最先进的技术"。CEO 戴赛鹰解释："为什么品牌名叫三个爸爸？因为'三人为众'。'三个爸爸'既指我们三位创始人爸爸，更是代表了天下众多爸爸对孩子的关爱。"

作为一个初创品牌，三个爸爸从诞生之初就在讲情怀。三个爸爸有一个很不错的品牌故事：三个爸爸团队中的几个创始人，初做项目时，有些还是准爸爸，有些已经升级为奶爸，爱子心切的他们发现，他们居然给不了最基本的干净空气，因此下定决心投入创业，打算为孩子造一款专用的空气净化器，解决 PM2.5 和甲醛的问题。这个故事，足以打动不少为空气揪心的宝爸宝妈。

　　为了充分了解婴幼儿父母在使用空气净化器的过程中的需求和痛点，三个爸爸团队在项目启动前对 700 多位儿童家长做了调查，结果发现，除了净化和除甲醛功效，安全也是一大痛点。

　　为了防止孩子磕碰，三个爸爸儿童专用空气净化器外形面全部采用圆角设计；出风口斜向上避免直吹儿童身体；外形结构整体避免儿童手指卡入的风险；为过度引起儿童关注导致误操作，产品外观设计摒弃卡通设计，时尚大方，且按键特别配置儿童锁；特意采用国际先进的电源线防拖拽漏电保护装置，保证孩子安全。

　　除此之外，开净化器能否开窗也是净化器使用中的一大普遍困惑。为了解决这一难题，三个爸爸儿童专用空气净化器采用军方潜艇空气净化技术，可直接将二氧化碳转化为氧气，实现自动增氧。而先进的智能物联功能，可以让爸爸妈妈在任何地点通过网络远程操控空气净化器，实时监测室内空气质量。

　　目前，三个爸爸儿童专用空气净化器已经在官网、京东和天猫商城开放购买，定价 4999 元。

　　雾霾天气引爆了空气净化市场，而"三个爸爸"背后的呵护儿童情怀更牵动了家长的心。空气净化产品作为小家电，具有入门门槛很低、市场需求大的特点，很容易用低成本打开市场。三个爸爸产品利用产品情怀搭建了适合自己的商业模式，给创业增加了故事色彩，吻合市场用户观、产品观、参与观，最终赢得了市场。

情怀，是众筹产品的一个关键词。从贴上"文化和社交"标签的咖啡馆众筹到巨刚众酒的"微醺态度"，再到三个爸爸儿童专用空气净化器，这些产品无一不是具有情怀的，而且戳中了某类人群的神经。众筹模式改变了传统的产品交易模式，消费者或投资者买的就是一款仅仅具有概念的虚拟产品，而这个产品必须是新鲜的，其概念是既能吸引到某类消费人群，又能满足其需求的。目前，众筹产品不适合市场已有的成熟产品，众筹过程的完成是在一个相对封闭的环节，需要一个新概念去包装产品，打造的就是消费娱乐化、品牌人性化的情怀，从而获得了特定群体的认可。

第五章

众筹红线——众筹的风险与法律法规

众筹是一把双刃剑，其门槛低，可以帮助创业者融到资金很大程度上降低了创业成本与风险，但由于众筹在我国刚起步，运行过程中也存在比较多的法律风险问题。对此，众筹专家提醒所有参与众筹活动的人士"金融有风险，众筹需谨慎"。在众筹项目的运作中，不管是筹资人，还是投资人，请务必了解众筹在中国存在的问题，尤其要熟悉众筹在中国面临的法律风险，并且掌握规避法律风险的措施。

中国式众筹存在哪些问题

在众筹的火爆背后，风险也常被人提及。众筹的出发点是尽量拉近资金供求双方的距离，减少各种中介的作用。在理想状态下，创业者无需应付复杂的金融条款和高昂的融资成本，投资者也可以根据自身的经济实力、意愿和喜好直接进行投资。但由于众筹投资都是早期投资，投资时间在项目进入实施完工之前，众筹项目的风险也随之而来。

为此，下面介绍一下众筹可能存在的风险。

1. 非法集资风险

众筹是面向更多的人进行数额小、数量大的筹资活动，同时众筹依托互联网平台实现这一筹资过程，旨在发挥网络平台交互性、即时性、全球性等特点，使得高效便捷、聚少成多的筹资活动成为可能。这也意味着众筹触碰非法集资法律"红线"的可能性大大地提高了。

根据《最高人民法院关于审理非法集资刑事案件具体应用法律若干问题的解释》第一条，非法集资应当同时满足四个条件，即（一）未经有关部门依法批准或借用合法经营的形式吸收资金；（二）通过媒体、推介会、传单、手机短信等途径向社会公开宣传；（三）承诺在一定期限内以货币、实物、股权等方式还本付息或给付回报；（四）向社会公众即社会不特定对象吸收资金。从形式上看，众筹平台这种运营模式未获得法律上的认可，通过互联网向社会公开推介，并确实承诺在一定期限内给以回报（募捐制众筹除外）——其中股权制众筹平台以股权方式进行回报给出资者，奖励制众筹平台主要以物质回报的方式，借贷制众筹平台以资金回馈方式回报给出资者，且均公开面对社会公众。所以，单从这一条文来讲，众筹平台的运营模式与非法集资的构成要件相吻合。

但是，除了要考虑众筹平台是否符合"非法集资"的形式要件，还要深入考察众筹平台是否符合对"非法集资"犯罪定性的实质要件。《最高人民法院关于审理非法集资刑事案件具体应用法律若干问题的解释》的立法目的中写道"为依法惩治非法吸收公众存款、集资诈骗等非法集资犯罪活动，根据刑法有关规定，现就审理此类刑事案件具体应用法律的若干问题解释如下"。可见，该司法解释的出台是为惩治非法吸收公众存款、集资诈骗等犯罪活动，是为了维护我国社会主义市场经济的健康发展。反观众筹平台，其运营目的包括鼓励支持创新、发展公益事业及盈利。良性发展的众筹平台并不会对我国市场经济产生负面影响，不符合非法集资犯罪的实质要件。但我们也要严防不法分子以众筹平台或众筹项目骗取项目支持者和出资人资金的行为。

2. 代持股的风险

凭证式和会籍式众筹的出资者一般都在数百人乃至数千人。部分股权式融资平台的众筹项目以融资为目的吸收公众投资者为有限责任公司的股东，但根据《公司法》第二十四条规定"有限责任公司由五十个以下股东出资设立"，那么，众筹项目所吸收的公众股东人数不得超过50人。如果超出，未注册成立的不能被注册为有限责任公司；已经注册成立的，超出部分的出资者不能被工商部门记录在股东名册中享受股东权利。

目前，绝大部分对股权式众筹项目有兴趣的出资者只愿意提供少量的闲置资金来进行投资，因此股东人数被限制在50人以内，会直接导致无法募集足够数额款项来进行公司运作。采用代持股的方式虽然在形式上不违反法律规定，但在立法精神上并不鼓励这种方式。当显名股东与隐名股东之间发生股东利益认定相关的争端时，由于显名股东是记录在股东名册上的股东，因此除非有充足的证据证明隐名股东的主张，一般会倾向于对显名股东的权益保护。所以，这种代持股的方式可能会直接侵害到广大众筹项目出资者的权益。

3. "公开发行证券"的风险

《证券法》第十条第一款规定："公开发行证券，必须符合法律、行政法规规定的条件，并依法报经国务院证券监督管理机构或者国务院授权的部门核准；未经依法核准，任何单位和个人不得公开发行证券。有下列情形之一的，为公开发行：（一）向不特定对象发行证券的；（二）向特定对象发行证券累计超过两百人的；（三）法律、行政法规规定的其他发行行为。"

众筹平台在募集资金过程中面对的是不特定对象，且人数常常超过两百人，很容易触犯《证券法》关于公开发行证券的规定。奖励制众筹平台为了规避这一风险，采取了这样的政策：不以现金回馈的方式回报

出资者，将投资行为演变为团购、预购行为，使整个众筹法律关系与《证券法》撇清。

股权制众筹平台对这一问题则是采取成立有限合伙的方式，即由众筹出资者成立有限合伙，再由合伙企业对众筹项目发起者进行投资。然而根据《证券法》第十条第二款"非公开发行证券，不得采用广告、公开劝诱和变相公开方式"，股权式众筹平台的这种方式就是一种变相公开的形式。由此可见，股权式众筹平台的发展目前在中国的法律大环境下受到诸多限制。

2012年10月5日，淘宝出现了一家店铺，名为"美微会员卡在线直营店"。淘宝店店主是美微传媒的创始人朱江，原来在多家互联网公司担任高管。

消费者可通过在淘宝店拍下相应金额会员卡，但这不是简单的会员卡，购买者除了能够享有"订阅电子杂志"的权益，还可以拥有美微传媒的原始股份100股。

从2012年10月5日到2016年2月3日中午12:00，美微传媒进行了两轮募集，一共有1191名会员参与了认购，总数为68万股，总金额人民币81.6万元。至此，美微传媒两次一共募集资金120.37万元。

美微传媒的众募式试水在网络上引起了巨大的争议，很多人认为有非法集资嫌疑，果然还未等交易全部完成，美微的淘宝店铺就于2016年2月5日被淘宝官方关闭，阿里对外宣称淘宝平台不准许公开募股。

而证监会也约谈了朱江，最后宣布该融资行为不合规，美微传媒不得不向所有购买凭证的投资者全额退款。按照证券法，向不特定对象发行证券，或者向特定对象发行证券累计超过200人的，都属于公开发行，都需要经过证券监管部门的核准才可。至此，这种利用网络平台向社会公众发行股票的"众筹"首次被界定为"非法证券活动"。

可见，美微传媒的凭证式众筹虽然是互联网金融创新的一个尝试，但受到我国目前法律政策限制，有违反《证券法》乃至《刑法》的嫌疑，法律风险很大。

4. 筹资金额风险

在众筹过程中，筹资者通常会给定一个具体的项目预期筹资额，一旦项目在实际筹资过程中达到一个额度，项目便筹资成功，即可获得相应的资金开始进行项目运作。然而也存在一些众筹平台如天使汇，允许项目实际的筹资总额高出筹资者事先的项目预期筹资额，直到筹资期限届满后再将实际的筹资总额交付给筹资人以进行项目建设。这一对目标筹资额放松的做法，一定程度上会增加投资的风险及筹资的不可预期性。一方面，可能会涉及更为广泛的投资者群体，减弱对投资者人数及投资金额的控制力，进而对市场的影响力由之前的可预期变为相对的不确定；另一方面，加大了监督管理的难度，增加了监管的成本。对目标筹资额这一上限的突破，侧重于市场机制作用，但并没有把金融市场投资者盲目跟风的心理及市场固有缺陷充分考虑在内，极容易导致筹资成为"脱缰野马"肆意横行，给资本市场造成更大的冲击，这也对众筹的监督管理提出了更高的要求。

5. 信用风险

征信体系是众筹平台的一大难点，通过陌生平台或弱关系开展众筹，筹资人的信任机制、分配机制、退出机制是否健全到足以让人相信，而且持久相信，这是一个很关键的问题。项目发起人可以利用虚假信息进行圈钱，领投人也很可能是同谋。

由于众筹平台游离于央行征信系统之外，再加之目前众筹缺乏明确的金融监管主体，很难被纳入央行征信系统。目前大多数众筹平台所能做的，是自建征信数据库排查借款人的恶意违约风险，央行的个人征信报告很难调用。除了央行的征信体系，个人信息的查询，身份识别，相关的其他司法状态信息等存在难以打通的障碍，金融大数据还是个美丽的梦！缺乏了用户征信在线大数据支持，众筹平台只能依靠有限的人力用有限的手段采用传统的方法去调查项目发起人的资信能力，这种风险防控模式方式成本高、效果差。

6. 资金流风险

众筹实际上是筹资人、投资人与众筹平台三方参与的过程。因此，

相较于简单的双方交易，其资金的流动与管理通常存在着更大的风险。由于筹资的过程一般是一个需要在特定时间范围内予以完成的过程，因此，资金往往需要在指定的地点或场所进行汇集，达到一定数额后便进行预期的流转。与大多数 P2P 的资金流转相比，筹资过程中形成资金池的可能性是比较高的。同时，目前尚缺乏有效的约束机制用于防范众筹平台在筹资过程中对已筹集资金的不当管理与使用，这都给投资者的投资资金安全带来极大的隐患。

7．知识产权受到侵害的风险

大多数众筹项目是创意类项目，有的项目产品已经面世，有的可能还只是半成品，经过长期的展示，由于众筹网站的公开性和对象的不特定性，众筹网站上展示的项目在筹资过程中，创意被他人窃取的可能性非常大。

另外，有的众筹项目是建立在剽窃他人创意的基础上完成的。抄袭他人创意而发起众筹后，如果被抄袭者发起知识产权诉讼，项目发起人可能会承担停止侵害和其他赔偿责任，出资人的出资也就失去获得回报的可能性。那么筹资人是否负有将所筹剩余资金按比例返还出资人的义务？众筹平台在审核项目时是否负有责任？这些尚未明确的问题都使得创意者的知识产权保护难以实现，同时也给众筹投资者带来了资金安全的风险。

中国众筹平台的风险防控

众筹在中国才刚刚起步，目前国内缺乏专门的法律法规对众筹行业予以规范，对于众筹网站的批准设立、业务经营范围许可、资金风险控制没有明确规定，日常监管方面几乎处于空白。在外部监管缺失的情况下，此类平台非常容易变成诈骗或非法集资的工具。因此，我们应该加强众筹模式的风险管控，并建构一套风险防范机制来对其进行规范管理，通过制度优势来克服众筹模式的负面效应，以期能扬长避短，充分发挥它的积极作用，抑制其消极一面的发展，从而引导众筹模式更好地为社会经济发展服务。

1．非法集资风险的防控

非法集资的风险是众筹亟需防控的主要风险之一。金融市场中的集资行为若是缺乏必要的监管与引导，往往容易放任资本市场中盲目跟风投资的行为，投资者的盲目性所造成的跟风效应也往往容易使投资的人数与投资的规模都急剧膨胀，一旦风险发生便会酿成恶果。因此，法律对该类筹资行为，无论是在筹资人数上还是在筹资条件上都有严格的规定。众筹作为新兴的融资模式，以互联网作为融资平台，其涉及的人群之广、数额之大往往使其极易触及法律禁止的"红线"。因此，单纯依靠平台自身运作方式的变通很难完全防范非法集资的风险，必须加强外部监管才能保证众筹在法律的框架内稳定运行。然而，要使外部监管能够有效地推进，首要环节便是要完善信息披露制度。这需要法律进行明确的规定，提出明确的要求。

2．设立合适的投资人进入门槛

投资是风险比较大的行业，甚至比炒股的风险大得多。投资人血本无归的时候肯定也会跳楼，让什么人来投，一定要是会玩的，玩得起的，应该对投资人设立一个进入的门槛，进行相关审核，才能有效地控制风险。在这方面，我们可以借鉴《中华人民共和国证券投资基金法》（2013年6月1日起施行）第88条对合格投资者的规定："达到规定资产规模或者收入水平，并且具备相应的风险识别能力和风险承担能力，其基金份额认购金额不低于规定限额的单位和个人。"这里对合格投资者规定了四项要求：收入上的要求，风险识别能力，风险承担能力的要求，认购金额上的要求。

收入上，要对个人和机构投资者设定不同的标准，应借鉴一定地域范围内的平均工资标准，考量收入是否超过一般人的最低生活消费要求，以求最大限度地保护投资人。

风险识别能力上，应当从投资者从事的行业、投资人以往成功投资的经历来进行考量，以甄别不同风险识别能力的投资群体。

风险承担能力上，主要是通过明确的风险提示和对收入的审核予以考量，但标准不宜过严，否则会影响投资者投资的空间与积极性。

认购金额上，需要对投资者资金实力和风险抵御能力进行有效的判断，进而防止一个项目的投资者过度分散，导致权利义务过于复杂而阻却融资进程，以满足项目融资的现实需要。

其次，从投资者资格审核形式上看，进行形式审还是实质审的选择同样也会对风险防控产生重大影响。在互联网金融兴起、微型金融逐渐规模化的背景下，金融服务的便捷化、及时化成为发展之必然趋势。作为众筹平台也应当为筹资者和融资者提供相对及时、快捷、安全的交易平台。因此，倘若众筹投资者的资格审核是实质审的话，那么不仅会加重平台的审核负担及成本，也会极大地影响众筹的融资效率，降低融资服务的及时性、便捷性；倘若实行形式审的话，那么融资交易的安全性问题便成为关键问题，毕竟过于宽松的投资者资格审核难以发挥实质性作用，平台关于信息真实性的免责条款也使得其严格执行审核标准的动力不足。因此，投资者资格审核的宽严程度实质上是一个利弊权衡的过程。笔者认为，基于投资者与筹资者对众筹的内在需求，平台对投资者的资格审核应当采取形式审的方式，在此基础上应该对投资者的审核标准进行严格的把握，并要求平台承担一定的审核责任，如因为平台的主观过错导致不满足投资条件的投资者进入到平台进行融资，对投资者或筹资者造成损失的，则应当追究众筹平台的责任。唯有如此，才能兼顾效率与安全。

3．项目欺诈风险的防控

互联网的发展一方面使得信息传递便捷化，但另一方面虚拟化也极大地提高了欺诈的可能性。因此，为了防止项目审核推荐中极易发生的欺诈风险，线下约谈便是一个很好的环节。投资人与筹资人可以先行在网上进行撮合，觉得心仪或达成初步的意向之后便可进行线下约谈，进一步了解对方的相关情况，这样可以通过面对面的实际接触来降低合同欺诈的可能性，但是也相应提高了成本。这涉及更多的信息披露，包括公司的财务状况等。

4．资金流风险的防控

众筹平台的主要作用在于利用互联网对富余资本在筹资者与投资者之间进行优化配置，以提高富余资本的利用效率，从而解决由于信息不对称所带来的资源浪费的问题。基于上述认知，众筹平台主要是发挥着中介的作用，以撮合投融资交易的实现。一旦众筹平台在中介过程中能够控制资金的利用与流动，则投资人的资金便存在为平台所挪用的可能，一旦资金遭受损失而难以弥补，这对投资者与筹资者而言，无疑都是利益的极大损失。因此，出于对资金安全性的考虑，平台是不能经手或负责管理资金的，一般可选择托管给可信任的第三方平台或银行，由投资者与筹资者协商约定向托管方支付一定的管理费用。

5．筹资金额风险的防控

为了实现众筹平台中项目资源的合理更新与优化配置，应当对项目的筹资期限予以明确的限定，具体的时间期限应当按照项目的目标筹资额及所在行业的整体情况等因素进行确定。对于投资的金额应当由法律根据投资者的实际投资能力及所投资的行业状况予以限定。一方面控制整个项目的筹资规模，防止其对市场可能造成的潜在风险，另一方面控制投资者的投资风险，将其投资的风险损失控制在一定的范围内。这既是保证众筹平台健康发展的有效举措，也是维护金融市场秩序和社会稳定的必然要求。

中美众筹模式的差异

在大数据时代，互联网金融扮演着越来越重要的角色。美国作为众筹融资的发源地，其发展迅速，而中国只是雏形。近年来，虽然众筹作为一种"互联网＋"的融资方式越来越受到大众的接受与支持，但它毕竟是一个舶来品，初到中国难免会出现水土不服、"中国式"改良的过程。我们通过对比可以发现，中美众筹还是在许多方面存在差异，差异化的存在也影响着各自不同的发展前景。

1．信用体系

在中国，信用体系的薄弱一直制约着银行体系外借贷市场的发展，尤其对于互联网金融的发展，信用缺失更是一大障碍。

美国拥有完善的信用建设的法律法规、成熟的市场化信用机构、清晰的信息公开管理，每一位公民都将信用记录视作生命般重要，也注定了信用体系的完整对金融活动起到了很好的支撑作用。

因此，对于任何投资人来讲，项目发起人自身的信用水平都是很重要的信息。正是因为目前我国信用体系的不够健全，众筹模式在我国的市场规模并没有美国那么大。

2．投融资环境

美国融资市场复杂且多层次，而我国的融资环境不甚乐观，尤其是针对中小企业及创业型企业，资金往往是成败的最关键因素。

正是由于我国比较特殊的融资环境，也导致了互联网金融在我国的蓬勃兴起，而众筹更是以附加了精神层面的反馈为吸引力，令"筹钱"这件事文艺且雅致起来。

相对于传统的融资方式，众筹更为开放，能否获得资金也不再是以项目的商业价值作为唯一标准。只要是公众喜欢的项目，都可以通过众筹方式获得项目启动的第一笔资金，且一般首次筹资的规模都不会很大，为更多小本经营或创作的人提供了无限的可能。

在价值认知的感召下，众筹模式可以打破我国融资环境不甚乐观的局面，为更多有创意、有市场的项目和企业成熟发展起来提供有力支持。

3．项目类型

美国众筹成功案例众多，其众筹项目主要集中体现在创意项目，以现今科技产品为主导，一方面满足了"发烧友"的需求，另一方面有针对性地用于寻求资金、推广产品。

我国的众筹网站在文化、科技等垂直领域已出现了进一步细分的趋势，但总体看来，文化创意仍是目前众筹项目最为主要的活跃领域。目前，国内文化类众筹项目多集中在"奖励众筹"的领域。

4．投资限制

为控制投资风险，几乎每一个众筹平台都会对投资者人数和投资金额进行相应的限制，以避免公众盲目投资带来的巨大风险。美国的Kickstarter对项目的融资数目和项目类型都做了严格的限制，却对投资者人数与投资金额均没有制定具体的规则。Angelist对投资者人数的限制为95人，而WeFunder为99人。这种限制的目的主要是为了不对初创企业的股东人数造成过大影响，也就是说，不会因为投资者成为初创企业的股东之后,因为对股东权利的滥用导致初创企业的经营受到影响。在我国,因为有非法集资罪的限制,大多数众筹平台都通过直接干预项目投资人数或每位投资者投资金额的限制对人数这一问题予以控制。而对于每个投资者的投资金额,Angelist 只规定了 1000 美元的下限,WeFunder 则规定了更低的 100 美元的下限,两者对于上限暂时都没有任何规定。而在我国,只有天使汇对投资下限予以设置,要求不能低于 1 万元人名币。可以看到,中美的众筹平台都对投资金额的下限进行了限制,这样的限制的确是必要的,毕竟资金不能过度分散,否则会造成风险过度分散而对单个投资者利益的保护就变得成本过高且力不从心。然而,更为重要的应当是对每个项目的投资上限同样做出硬性规定。

5. 监管环境

众筹在我国才刚刚起步,目前国内缺乏专门的法律法规对众筹行业予以规范,对于众筹网站的批准设立、业务经营范围许可、资金风险控制没有明确规定,日常监管方面几乎处于空白。目前,国内监管层对互联网金融的发展持肯定态度,只是具体监管细则还未落地。而在这方面,美国已对众筹有明确的监管。2012 年 4 月 5 日,美国《创业企业融资法案》的实施增加了对于众筹的豁免条款,这使得创业公司可以众筹方式向一般公众进行股权融资。而且,相关条款不仅涉及众筹平台不得从事的活动、信息披露的要求、发行者的限制、发行者的法律责任等,还考虑到众筹可能会被滥用而损害公众投资人的利益,对投资者也做了很多限制。

众筹在中国面临哪些法律风险

众筹作为一种新的互联网融资模式,让很多投资者尝到了其中的"甜头",因而无论是数量还是资金都获得了"大跃进"式增长。然而欲速则可能不达,由于现行的国内相关法律法规的脱节,使得众筹中的法律问题也逐渐暴露出来。

一、众筹所面临的法律风险和难题

1. 刑事法律风险

结合现行刑法的有关规定看众筹,众筹可能面临以下几类刑事法律风险。

（1）非法吸收公众存款罪。

众筹在中国可能面临的第一个刑事法律风险，就是可能触犯刑法规定的非法吸收公众存款罪。很多人对非法集资有种误解，认为只要不公开，只要对象不超过200人就不算非法集资，其实这是一种错误的认识，是把非法集资与非法证券类犯罪的立案标准搞混淆了。

（2）集资诈骗罪。

众筹在我国可能面临的第二个刑事法律风险，就是可能触犯刑法规定的集资诈骗罪。该犯罪比非法吸收公众存款罪更严重。

（3）欺诈发行证券罪。

众筹可能遇到的一个非法证券类犯罪是欺诈发行证券罪，虽然对于大多数众筹而言，不太可能去发行根本不存在的股份，但是夸大公司股份价值和实际财务状况还是可能存在的，因此，需要充分认识该类犯罪的实质。

我国刑法第一百六十条规定："在招股说明书、认股书、公司、企业债券募集办法中隐瞒重要事实或者编造重大虚假内容，发行股票或者公司、企业债券，数额巨大、后果严重或者有其他严重情节的，处五年以下有期徒刑或者拘役，并处或者单处非法募集资金金额1%以上5%以下罚金"。

（4）擅自发行证券罪。

擅自发行证券罪可能如影随形地在等着股权类众筹的发起人。该类犯罪"天生与股权类众筹有缘"，在当下也是股权类众筹最容易触碰和最忌惮的刑事犯罪。

2.行政法律风险

与刑事犯罪法律风险相对应，就目前看，众筹在我国可能会遇到以下几类行政法律风险。

（1）证券类行政违法行为。

如果未经批准擅自公开发行股份，在未达到刑事立案标准的情况下，则构成行政违法行为，依法承担行政违法责任，由证券监督机关给予行政处罚。

（2）非法集资类行政违法行为。

如果非法集资行为未达到刑事立案标准，则构成行政违法行为，依法承担行政违法责任，由中国人民银行给予行政处罚。

（3）虚假广告行政违法。

如果众筹平台应知或明知众筹项目存在虚假或扩大宣传的行为而仍然予以发布，但尚未达到刑事立案标准，则涉嫌虚假广告行政违法。

（4）非法经营行政违法。

如果众筹平台未经批准，在平台上擅自销售有关的金融产品或产品，但尚未达到刑事立案标准，则涉嫌非法经营行政违法。

3. 民事法律风险

众筹除了可能会面临前面所说的刑事法律风险和行政法律风险之外，由于大众参与集资模式涉及人数众多，必将导致大家利益安排不一致，关切点也不尽相同。所以，必然会伴随以下民事法律风险发生。

（1）合同违约纠纷。

众筹最可能存在的合同违约，主要表现在产品质量不符合约定，交货期不符合约定，不能如期提交约定回报结果，不能如期还款造成的债务纠纷等。

（2）股权争议。

股权类众筹还可能引发股权纠纷及公司治理有关的纠纷。此外，对于采取股权代持方式的股权类众筹，还可能存在股权代持纠纷等。

（3）退出纠纷。

股权类众筹还涉及一个退出问题，如果没有事先设计好退出机制，或者对退出方式设计不当，极容易引发大量的纠纷。

（4）民事诉讼程序上的问题。

众筹在民事诉讼程序上也存在诸多问题，如诉讼主体资格确定问题、集团诉讼问题、电子证据认定问题、损失确定标准问题、刑民交叉及刑事附带民事诉讼等。

由此可见，玩众筹不仅要考虑不能触碰刑事法律红线、行政法律红线，而且在模式设计上，需要严格履行有关法律手续，完善有关法律文件，设定好众筹规则，将每一个操作流程进行细化，转化为一个个法律问题，然后用一个个法律文件固化下来，保证众筹的顺利进行，避免不必要的民事法律争议发生。一旦发生纠纷，必然会影响众筹的成败！

玩众筹如何避开法律风险

随着众筹网站的兴起和众筹融资模式被更广泛接受，该融资渠道已经逐渐成为小微企业和个人越来越重要的融资渠道。不过在我国，众筹对大多数人来说都是新事物，也面临一定的风险。下面就谈一谈如何避开法律风险的问题。

1．玩众筹如何避开刑事及行政法律风险

由于众筹类别不同，可以按照众筹模式不同逐一进行分析。

（1）债权类众筹如何避开刑事或行政法律风险。

债权类众筹的表现形式一般为 P2P 模式，其最可能触碰的刑事罪名是非法集资类犯罪，主要是非法吸收公众存款和集资诈骗，属于公检法司法机关受理和管辖的范围。同样，如果尚未达到非法集资的刑事立案标准，则可能构成非法金融行政违法行为，属于中国人民银行监管处罚的范围。

在目前监管层对互联网金融持积极开放的态度下，债权类众筹可以创新，但不要触碰以下三条法律红线。

第一条法律红线：当前相当普遍的理财资金池模式，即 P2P 平台将借款需求设计成理财产品出售，使投资人的资金进入平台中间账户，产生资金池。

第二条法律红线：不合格借款人导致的非法集资风险，即 P2P 平台未尽到对借款人身份的真实性核查义务，甚至发布虚假借款标的。

第三条法律红线：典型的庞氏骗局，即 P2P 平台发布虚假借款标的，并采取借新还旧的庞氏骗局模式，进行资金诈骗。

债权类众筹要充分把自己定位为中介平台，回归平台类中介的本质，为投资方与资金需求方提供准确的点对点服务，不得直接经手资金，不得以平台为资金需求方提供担保，不得以平台承诺回报，不得为平台本身募集资金，不得建立资金池。并且，要严格审查融资方的信息，严防虚假融资信息的发布。

如果能够做到上述几个方面，严格恪守法律红线，则债权类众筹可能避开非法集资类刑事或行政类法律风险。

（2）股权类众筹如何避开刑事或行政法律风险。

股权类众筹目前是法律风险最大的一类众筹模式，也是未来发展空间最大的一类众筹模式，其最可能触碰的刑事法律风险是非法证券类犯罪，归属于公检法受理和管辖。同样，若达不到刑事立案标准，则属于非法证券类行政违法行为，归属于证券监督管理机关管辖和受理。

股权类众筹可以创新，但不要触碰以下六条法律红线。

第一条法律红线：不向非特定对象发行股份。

第二条法律红线：不向超过 200 个特定对象发行股份。

第三条法律红线：不得采用广告、公开劝诱和变相公开方式发行股份。

第四条法律红线：对融资方身份及项目的真实性严格履行核查义务，不得发布风险较大的项目和虚假项目。

第五条法律红线：对投资方资格进行审核，告知投资风险。

第六条法律红线：不得为平台本身公开募股。

如果能够做到上述几个方面，严格恪守法律红线，则股权类众筹可能会避开非法集资类刑事或行政类法律风险。

（3）回报类众筹如何避开刑事法律或行政法律风险。

相对而言，回报类众筹是法律风险最小的众筹模式。但是如果回报类众筹不能够规范运作，使融资方有机可乘发布虚假信息，则可能触碰集资诈骗的刑事法律风险，若未达到刑事立案标准，则可能构成非法金融类行政违法行为。

为了避免上述法律风险存在，回报类众筹需要注意不要触碰以下三条法律红线。

第一条法律红线：严格审查项目发布人的信息、相关产品或创意的成熟度，避免虚假信息发布。

第二条法律红线：对募集资金严格监管，保证回报产品按约履行。

第三条法律红线：众筹平台不要为项目发起人提供担保责任。

如果能够做到上述几个方面，严格恪守法律红线，则回报类众筹可以避开非法集资类刑事或行政类法律风险。

（4）捐赠类众筹如何避开刑事法律风险。

捐赠类众筹如果规范运作的话，不存在任何法律障碍。但是如果被虚假公益项目信息发起人利用，则可能触碰集资诈骗类刑事法律红线。

为了避免上述法律风险存在，回报类众筹需要注意不要触碰以下两条法律红线。

第一条法律红线：严格审查项目发布人资格、信息，公益项目的情况。

第二条法律红线：对募集资金严格监管，保证公益类项目专款专用。

如果能够做到上述几个方面，严格恪守法律红线，则公益类众筹可以避开集资诈骗类刑事法律风险。

2. 玩众筹如何避开民事法律风险

众筹还存在诸多的民事法律风险，为了避免不必要的民事法律争议，在众筹模式设计及具体的交易流程设计上，要关注每一个细节，把每一个细节用一个个法律文本固化下来，避免约定不明发生争议。

作为众筹平台，应当设立好众筹规则，参与者必须遵守众筹规则，相关各方与众筹平台应当有一份比较完整的协议，这个协议如果在线上完成，则运用电子签名方式进行，平台应做好流程及文档管理。

对于需求双方，就具体的债、股权投融资应做好具体协议的签署工作，如果在线上进行的话，可以电子签名方式进行，平台应保管好整个电子文档备查。

对于众筹过程中发生的股权代持问题，一定要签署好股权代持协议，对股权代持的有关问题进行详细的约定，避免争议。

作为众筹结构中的三方，投资方、平台及需求方（众筹发起人）应各自明确责任，根据各自在交易中的地位签署相应的法律协议。如果众筹结构中因需要涉及更多的第三方（如资金监管方、担保方），应根据其在众筹中做好权利义务的协议安排，明确权责。

如果能够在众筹中做好以上几个方面，众筹可能会避免不必要的民事法律争议，从而有效地避开民事法律风险。

众筹中知识产权的保护

众筹模式的兴起，给了创业者更大的舞台，也给创业带来了更多的激情，信息、技术、产品、模式、平台等概念令人眼花缭乱，众筹创业一时精彩无限，但在"互联网+"的背景下，众筹方式除了在打破传统商业习惯而面临的法律风险外，知识产权法律风险也日渐凸显。关于在公布项目的时候，由于忽视知识产权的保护而造成创意被抄袭或窃取的先例不胜枚举。

2013年8月，在美国众筹网站kickstarter出现了一个叫"Pressy"的产品众筹，它实际上是一个关于"手机智能按键"的产品。其想法非常巧妙，在耳机插孔上装一个按钮，从手机的耳机电路取得驱动电流，再驱动麦克风电路产生简单的按钮电平。最终通过手机上的应用采集麦克风电平，来识别按钮是否被按下，并根据按下的次数和长短做相应的动作（类似于莫尔斯电码）。

这款产品由于想法独特、介绍诱人、定价低廉，两位项目发起者在众筹平台迅速募集到了400万美元的资金，相当于预期募集金额的20倍左右。

欣喜若狂的项目发起者，原计划2014年上半年正式发布产品，结果效仿者们的产品却率先上市，结果使Pressy失去了先机，造成了损失。

从上面这个"手机智能按键"项目众筹中，我们可以发现产品众筹可能存在的问题或隐患——知识产权受到侵害。

众筹项目多是创意类、个性化项目，是创意者的智慧结晶，融资者为了更有效地获得资金支持，需要将创意方案、商业计划书等放在众筹平台上，由于众筹网站的公开性和面向对象的不确定性，若不加强知识产权保护，众筹网站上展示的项目创意被他人剽窃的可能性非常大。当看到项目发起者的创意方案后，或是有人剽窃后放在其他众筹平台上进行众筹，或是有充足资金的人见方案可行就直接按照众筹平台上的项目方案着手实施。如此以来，项目发起人可能筹资失败，面临知识产权纠纷，投资者也会遭受资金损失。一些权利人选择部分披露产品或创意细节，虽然能在一定程度上达到保护知识产权的目的，但也使得投资人看不到完整的、关键的项目和产品创意信息，无法做出投资决策，降低了投资热情，这是大量的股权类众筹及高科技产品的回报类众筹难以吸引投资的重要原因。因此，知识产权是众筹的生命线。

1. 专利权的保护

项目发起人在发起众筹或融资之前，应当集合技术人员和法务人员，对众筹产品或技术进行技术特征的分解和检索，并列出专利申请计划，分别就：产品的外观或样式，申请外观设计专利保护；对于产品的核心技术或是实现方式，做好发明或实用新型专利申请保护。尤其对于核心技术，鼓励技术人员进行提前改进或替代技术的研发，并以"专利池"或"专利篱笆"形式，形成网络化和维度化保护，以确保众筹项目的持续竞争力。

2. 商标权的保护

商标揭示了商品或服务的来源，承载的是商誉和质量保证。根据我国《商标法》的规定，通过申请注册取得商标专用权是商标权取得的法定方式，尽管《商标法》修订后引入诚实信用原则，也增加了对恶意抢注的限制，但《商标法》对注册商标的保护总体上明显强于对未注册商标的保护。现行《商标法》对于未注册的驰名商标或为相关公众所熟知的商标提供使用在先的保护，但众筹项目中的商标大多达不到为公众所熟知的标准，申请注册才能获得更有效的权利保障，项目发起人切不可因项目或企业刚起步商标价值不高而忽视商标注册。

3．商业秘密的保护

所谓商业秘密，一般是指不为公众所知悉、能为权利人带来经济利益、具有实用性并经权利人采取保密措施的技术信息和经营信息。通常而言，商业秘密包括两部分：技术信息和经营信息。如管理方法、产销策略、客户名单、货源情报等经营信息；生产配方、工艺流程、技术诀窍、设计图纸等技术信息。

如果创业者或项目发起人对所涉产品、技术、服务或信息不想具体公布于大众，在形成之初就对涉密技术、信息采取必要的保密措施，并对项目运营中对商业秘密进行必要使用时，对使用人和接触者采取必要的登记和留证措施，以防备泄密风险。如果创业团队在众筹时，未能提前做好相应的知识产权或商业秘密保护，其结果可能是为别人做嫁衣。

4．商业模式的保护

同样在"互联网＋"创业的背景下，大多众筹项目就是以互联网方式对传统产业的创新或颠覆，更多或更核心的商业价值在于商业模式的创新。而对于商业模式，除了美国及欧盟等少数国家和地区给予了专利权保护的制度，在包括我国在内的大多数国家和地区，就商业模式本身，法律并没有给出单独的保护性权利。所以，对于商业模式创新的众筹项目，更需要对商业模式中所涉及的商业要素进行法律分解，如产品或服务的标识、商业模式所依托的软件程序、商业模式所涉及的数据库和商业信息以至于项目运营团队中的人员的竞业禁止等。再依据相应的法律制度，进行系统化和集约化的保护。

第六章

路在何方——众筹的未来在哪里

在互联网金融快速发展的浪潮下，众筹模式也得到了越来越多人的认可。众筹提高了企业的融资效率，促进了经济的健康发展，为创业者撑起了一片蓝天，也让许多有梦想的人实现了自己的创业梦想。不过，在众筹从美国漂洋过海来到中国后，遭遇了本土化的变异，面临了许多机遇和挑战，但作为互联网金融表现的手段，在未来的发展中一定会不断完善，形成有中国特色的众筹模式，促进中国经济的快速稳定发展。我们坚信，众筹的未来之路将会越来越开阔。

众筹平台的发展状况及未来趋势

在互联网金融快速发展的浪潮下，众筹作为一种以互联网技术为依托的新型集资模式，得到了越来越多人的认可，与此同时，其自身的平台价值和其发展潜力也不断受到资本市场的追捧。那么，目前国内外众筹平台的发展状况如何，及未来的发展趋势又是怎样的呢？下面，我们来详细介绍一下。

一、国外众筹网站的发展

在国外，众筹融资模式已有相当规模，处于快速发展阶段。众筹平台的数量，平台上项目的种类和项目发起的数量都已相当可观，项目发起后集资的成功率达 40% 以上。以 Kickstarter、Indiegogo 为首的众筹网站正在飞速地向前发展。

2013 年，作为众筹网站的鼻祖 Kickstarter 在整体项目数量仅增长不到 2000 个（2013 年成功融资 1.99 万个，2012 年成功融资 1.8 万个）的情况下，获得 300 万人共计 4.8 亿美元的筹资，这个数字相比 2012 年 220 万人 3.2 亿美元，总筹资额增长 50%。

Indiegogo 尽管在体量上与 Kickstarter 还有一定的差距，但在过去的两年也获得了高速的成长。这家仅有几十个人组成的团队募集资金遍布 190 个国家，筹集到的资金增长近 10 倍，其中 Ubuntu Edge 更是惊艳亮相，在上线 24 小时内就募集资金 345 万美元，创造了速度最快的融资记录，而创业发明只占到整体的 1/3，其他创意、艺术及个人梦想整体金额会更高。

2012 年 4 月美国通过《就业法案》（JOBSAct），允许公司公开宣布融资的消息，敞开了创业企业进行股权众筹的大门。该法案细则是美国重要的一次新股发行、股权制度改革，开放了融资的限制，同时也要求股权众筹者每年通过股权众筹的方式募得的金额不得超过 100 万美元。2014 年上半年，美国国内众筹模式共发生募资案例近 5600 起，参与众筹投资人数近 281 万人，拟募资金额共 10426.99 万美元，实际募资金额 21508.61 万美元，募资成功率为 206.28%。在此背景下，美国多家股权众筹平台陆续通过资本市场一方面通过平台为项目筹资，另一方面在平台上开启网站自身的众筹之路。

二、国内众筹网站的发展

2011 年，众筹由国外传入我国，但当时并没有受到太大的关注，随着 P2P、互联网金融的产生和发展，众筹才在 2013 年真正进入大家的视线。目前，我国还处于众筹发展的初期阶段，仍处在探索和完善的过程中。根据数据统计，在 2013 年底，我国所有的众筹平台数量不足 20 家，其中绝大部分为商品众筹平台，股权众筹平台只有寥寥数家。而截至 2014 年年底，全国共有 128 家众筹平台，其中，股权众筹平台 32 家，商品众筹平台 78 家。一方面是平台数量的快速增长，另一方面是平台的交易额也在不断攀升，如下表所示。

2014 年中国典型众筹平台数据统计

众筹种类	融资事件（起）	已募集金额（万元）	预期融资金额（万元）
股权类众筹	3091	103112.00	350329.00
奖励类众筹	5997	34946.19	28089.77
合计	9088	138058.19	378418.77

从数据统计来看，我国众筹行业发展速度较快，受到广泛的关注并被寄予厚望。但从现状上看，这一行业仍处于萌芽期，国内众筹的市场并不够大而且还有很多变化存在。比如国内最早的众筹网站点名时间早已转型做了智能硬件的首发和试用，此外有越来越多的细分、垂直的众筹平台诞生，如专注于艺术品众筹的 ARTIPO、专注于同城众筹的众筹客、专注于互联网影视的聚米金融等。与此同时，众筹平台上的业务内容也在不断丰富，以京东产品众筹为例，主体板块就包含智能硬件、生活美学、流行文化与公益 4 个品类。不同类型的平台在积极展开探索，摸索适合于中国市场的众筹模式。正是这些探索，使我们有理由期待：作为支持创业、拥抱创意的行业，在巨大的创业需求面前，众筹不会昙花一现，与 P2P 借贷一样，它或将经历迥异于国外平台的发展路径，但总会找到适合自己的土壤，成长为互联网金融的一片茂密森林。

三、众筹的未来发展趋势

互联网金融创新正在改变以往创业投资的传统理念，各类众筹模式的兴起也正日益拓宽大众投资的新兴渠道。未来，众筹平台的发展有以下几大趋势。

1. 众筹平台垂直化

当今互联网发展格局，垂直网站是未来一大潮流，众筹平台也不例外。所谓众筹平台垂直化，是指众筹平台接受单一类别的项目进行筹资，其一般只出现在商品众筹的领域。尽管在项目数量和筹资规模上要比综合性的众筹平台小很多，但是垂直性的平台在专业性上更强，比较容易得到优质的产品和客户。通过垂直，更容易汇聚出小圈子，更容易圈定种子用户，而一个圈子里的种子用户对于一个领域的投资是有惯性的。这个趋势在电影、音乐等文创类垂直众筹平台表现得比较明显。就目前来看，我国的垂直众筹平台做得风生水起，典型代表有：定位于微电影众筹项目的淘梦网，音乐行业的乐童音乐，动漫游戏行业的众豆豆和助力大学生实现梦想的酷望网。

2. 众筹平台的多元化

目前，众筹平台的盈利，大多采用类似 Kickstarter 的主流众筹网络平台收取项目佣金的商业模式，但收取佣金并不是众筹平台盈利的唯一渠道。伴随着众筹模式和众筹平台的不断发展，未来众筹盈利的新商业模式大概还有以下几条道路可选：其一，以扩大市场，扩大网站流量为目的，做大后自然衍生网盟广告商业模式；其二，做大资源，把网上的创意项目与 VC 结合；其三，内部投资，自己做 VC 来投资优质项目；其四，增值服务，线上项目审核、项目包装、营销推广等。

3. 众筹平台的移动化

随着移动互联网时代的到来，人们的生活发生了巨大的变化，而对于众筹网站而言，移动化也是未来必须面对的问题。而且就众筹这种集资模式来看，移动端的众筹或许还可以带来更大的发展。试想一下，无论你身处何地都可以随时打开众筹网客户端，随便浏览一下，发现有比较好的项目，就随手支持了，这似乎也更适合众筹这种以创意为导向的平台的使用场景。目前，一些有前瞻性目光的众筹网已经开始在这块布局，加快自己移动客户端的建设。这对于众筹网站而言，未来将会是获得用户芳心的最重要的平台。

4．众筹平台的服务化

目前，不少平台狭隘地认为众筹平台只要做到找项目和找投资就完事，殊不知项目众筹成功只是一个开始。众筹平台上升到一个阶段后，平台综合服务化的竞争将是未来众筹的一个发展趋势。

对于创业者来说，拿到启动资金只是创业开始的一小部分，后续的创业指导、培训才是至关重要的，尤其是在众筹上创业者大部分都是初次创业的情况下，市场刚需决定众筹平台绝对不能仅仅是一个众筹项目的展示平台，而必须是一个给创业者提供整合服务的一体化服务平台。

完整的众筹综合服务化平台一定要包括如下四点：其一，项目融资成功前的项目产品化，平台展现给投资方的融资方案一定要专业；其二，融资过程中的发起方要和投资方"亲密接触"。平台要给二者营造一个线上和线下沟通交流的环境；其三，融资成功后的进一步跟踪调查；其四，投后管理平台，与投资方建立良性沟通渠道。

目前，有一些众筹平台已经有了类似的意识，例如，点名时间就为优秀项目提供项目包装、媒体公关、投资人推荐、渠道对接等一系列的定制服务。云筹网也是注重于对平台上的项目提供一整套投后孵化服务，持续扶持项目成长。大家投更是宣称要"翻开新的篇章"，引入六大机制：项目整合机制、估值市场化机制、领投人与跟投人制约机制、投后管理机制、退出机制、风险补偿机制。而众筹网推出的众筹大学其实也是一个服务平台很好的展示。未来的众筹平台，不再局限于项目融资成功环节，综合服务化将成为未来众筹行业的重要趋势，只有这样似乎才能真正体现出众筹的价值。

因筹而生，众筹所隐藏的商业价值或许远远不止你我看到的那样，而这恰恰是众筹本身的魅力所在。众筹在未来究竟会出现怎么样的玩法，或许还要发挥大家的想象，但无论如何，众筹给整个互联网行业甚至于国计民生带来的影响都将会是颠覆性的。

传统产业因众筹产生裂变

全行业互联网化是未来的大势所趋，当越来越多的人和物被互联网化，全新的"互联网+"模式也就应运而生。在这个过程中，互联网与传统产业之间的双向渗透无疑将演绎出新的商业世界。众筹，作为互联网金融的重要模式之一，自2011年在中国生根发芽，其在生活领域里的生命力便不断引人刮目相看，它撬动的产业链越来越多。那么在未来，众筹有可能颠覆哪些传统行业呢？

1. 电影行业

电影业是一个很有前景的众筹投资产业，因为它的高回报率和口碑会带来巨大的成功。在大洋彼岸的美国，影视类的众筹项目一直属于比较受大众欢迎和追捧的类型。在林林总总的众筹网站上，诞生过众多的电影、电视剧、记录短片，其发起人包括导演、独立电影人、制片人、演员。在国内，影视众筹发展的时间并不长，却也取得了不俗的成绩。以众筹网为例，由其发起的《十万个冷笑话》大电影众筹项目，最终吸引了超过5000位电影微投资人，筹集到超过137万元的投资。而由天娱传媒发起的"2013快乐男声主题电影"项目在众筹网上线，20天内就筹集到了500万元。

另外，互联网、金融巨头纷纷介入电影"众筹"，筹足了资金的同时也赚足了眼球。2014年3月，阿里巴巴推出了一款理财产品——娱乐宝，网民出资100元即可投资热门影视作品；紧随其后，百度高调推出其众筹平台——百发有戏，直接将影视众筹作为主打王牌；上海快鹿投资（集团）有限公司推出文化影视艺术品P2P"当天贷"，宣称"普通人也可以当电影投资人"，只需投入少量资金便可参与一部电影的投资，电影成功上映后将获得一定回报。

对于普罗大众而言，"投资电影业"曾经是一个遥不可及的想法，但众筹新模式的出现为它的实现提供了可能性。《2013—2017年中国影视行业深度评估及投资前景预测报告》显示，融资渠道狭窄一度是制约国内影视业发展的一大瓶颈。而众筹正好可以在一定程度上化解这种融资瓶颈。虽然目前众筹尚不具备颠覆传统电影制作方式的能力，但它为影视业增加了新的融资渠道和平台，有利于推动行业的繁荣发展。

2．出版行业

在传统的书籍出版路径中，作者完成一本书的写作之后，书稿将交给出版社，然后通过包括电商在内的零售商，最后才来到读者的手中。在这样的出版链条里，出版方与读者之间相隔较远，对内容产品的开发也存在不利因素。传统出版业对于一本书的预测更多是靠经验及上市之前的征订预售等动作判断，出版社在未知市场反馈之前一般会采取保守策略。出版方、作者、读者之间的联系并不紧密，渠道商、零售商较难获得用户的反馈，也缺乏与读者间的深度互动。

而这样的局面似乎可以通过众筹打破。2013 年 12 月 17 日，《清华金融评论》杂志宣布，将在发行环节采用众筹模式。由此，其也成为首家采用众筹模式发行的财经杂志。《清华金融评论》采取众筹预售的发行模式。距离最初上线时间仅 36 小时，刚刚创刊一期的《清华金融评论》已经筹得 3 万元。作为回报，用户不仅能获得杂志，还将有机会亲身参与杂志内容撰写和清华大学五道口金融学院一系列的活动。

对于出版方和大众群体，众筹是双赢的模式。出版行业采用众筹模式，不仅可以帮助出版商提前预测市场风向标，对发行量有个大致的估计，同时还可提前获得资金，帮助上线书籍做好相关营销，为书籍后续影响力的爆发提前做好铺垫。

对出资人而言，众筹给了读者一种荣誉感……他不仅仅是购买了一本书，而是帮助一本有价值的图书完成了出版发行，并推动其成为潮流，同时还可以获得价格优惠，并有机会参与出版方主办的各类活动。

众筹模式形成的作者与读者、出版社与消费者的互动更直接，交互性更强，用户的黏性也更强。众筹模式使出版方、平台方、读者三方合作，风险共担、利益共享，这甚至颠覆了传统电商卖书的销售模式。若众筹模式充分发达，还可实现直接把新书发给提供启动资金的读者，绕过实体书店和网络书店等中间环节，出版成本会下降，书价也会降低。在传统媒体面临转型压力之下，这种发行方式不失为一种降低出版风险的创新。

先有需求再有供给、丰富的线下路演活动、无限创意的项目内容，种种众筹元素似乎颠覆了传统出版规则，给出版行业注入了一泉清水，照射进新的曙光。

3. 广告行业

美国科技博客 ReadWrite 曾撰文称，众筹模式已经渗透到传统电视广告领域，不仅可以为各大品牌降低广告制作费用，还可以加快广告制作速度，最重要的是，这种模式可以为他们带来更好的创意和效果，并最终颠覆整个电视广告行业。

百事可乐、必胜客等品牌，为了吸引各种人群，营造了足够的声势，就充分利用了众筹平台。事实上，随着低成本高清视频拍摄工具、摄像头稳定技术和专业视频编辑软件的发展，加上社交媒体在全球的广泛普及，通过众筹的方式拍摄广告极有可能对利润丰厚的广告业务形成颠覆。

其实，不仅仅是上面提到的几个行业，很多传统行业也在思考借用互联网模式尝试转型。在互联网思维模式冲击之下，众多传统产业都难逃被瓦解和超越的命运。众筹模式的产生，带来了巨大的商业蛋糕，不断点燃着中国传统行业改造、创新等各方面的激情。传统行业可依据自身优势与众筹模式嫁接做强做大，也可以借助众筹弥补自身短板增强竞争力，更可以以众筹为媒介实现跨行业转型升级。

任何通过众筹平台参与项目的人都有权对项目进行观摩、评价爆料、出资……所以传统产业链在众筹平台上将变得扁平化、透明化、众包化、资金众筹化。而选择融入众筹模式的传统产业将随之发生以下变化：信息实时透明公开，并将创意、设计、物流、营销等职能尽可能众包；广告投放更加精准，品牌的作用会被弱化，客户体验被强化；与所有参与方实时互动，主动协同，信息对称，提高了产品的生产效率，降低了成本。

众筹将传统产业彻底置于聚光灯下，每个关注的人通过大数据达成共识，参与产业的重整，人类即将进入又一次社会化大分工。

随着众筹行业的发展和法律法规的健全，众筹将成为资本市场重要的组成部分，也会成为传统行业产业链孵化的重要载体。

众筹向左，传统向右，传统产业终将因众筹而产生裂变。

众筹将改变文化创意产业

在互联网日益兴盛繁荣的时代，文化创意产业也迎来了全面大发展的时期。以众筹为代表的互联网金融是一种与文化创意产业气质高度契合的现代金融形态，从国际到国内，文化创意众筹金融迅猛发展，日益显示出对文化创意产业发展的巨大推动作用。

以美国最知名的众筹网站 Kickstarter 为例，最初就是基于文化艺术类和创意类的产品起家的。即便是到今天来看，它的成功融资项目当中，文化产业和文化创意类的项目还是占到 70%。在众筹这个领域，文化创意类作为一个行业，比其他任何行业和互联网金融的结合都更加紧密，更加前沿。

文化创意产业是一种在经济全球化背景下产生的以创造力为核心的新兴产业，强调一种主体文化或文化因素依靠个人（团队）通过技术、创意和产业化的方式开发、营销知识产权的行业。根据我国文化产业与创意产业的基本情况及文化创意活动的特点，我国将《国民经济行业分类》中的 82 个行业小类和 6 个行业纳入文化创意产业，分为 9 大类别：文化艺术，新闻出版，广播、电视、电影，软件、网络及计算机服务，广告会展，艺术品交易，设计服务，旅游、休闲娱乐，其他辅助服务。

我国文化创意产业经过几十年的发展，在社会经济发展中的重要性日益突显，但从整体看，我国创意产业靠市场盈利的并不多，传统的银行、基金等投资机构对创意产业的投资比较谨慎，而众筹模式的出现格外恰逢其时，可谓与我国文化创意产业的融资需求不谋而合，势必会给文化创意行业带来新的飞跃。相对于传统投资模式，"众筹"无疑是一个极大的颠覆。

2014 年 3 月，新元文智发布的中国首份文化产业众筹模式融资研究报告指出，最近两年来，众筹融资项目呈现出爆发式增长。2011 年时，文化项目成功个数不足 10 个，到 2013 年时，文化项目成功个数将近 150 个。同时，文化产业项目资金筹集规模也呈现大幅度的上涨。在两年多的时间里，文化项目融资规模从 2011 年的 6.2 万元增长到 2013 年年末的 1278.9 万元，增长幅度惊人。2011 年时，文化项目众筹最高融资额不过万余元；到了 2013 年时，《快乐男声》主题电影筹资达 500 多万元。之后众筹网、中国梦网、酷望网等新一批众筹网站纷纷上线，吸引了文化产业项目和企业借助众筹网站融资。

随着众筹网站的兴起和众筹融资模式被更广泛接受，该融资渠道已经逐渐成为文化产业小微企业和个人创意从业者越来越重要的融资渠道。对大众来说，从消费创意产品到为了一个尚未诞生产品的文化创意预先埋单，是一种购买行为前移的表现。这种前移意味着信任的前移，在最初阶段它可以由好奇心驱动，但能否持续长久最终还要取决于我国创意产业的品牌构建。同时，文化产业借助众筹融资模式的未来前景十分广阔，艺术众筹、文化遗产众筹、特色文化项目众筹都有发展空间。因为文化创意项目追求的不仅仅是商业价值，它可能更加有情怀，或者是商业价值之外的东西，更能得到大众的认可，并且非常容易得到支持者的共鸣；另外，文化创意产业是轻设计的东西，一个人的创意、想法或者说故事就可能引起另外一个人对他的支持，所以，这也是文化创意项目更适用于众筹的优势所在。

众筹作为一种新兴的融资方式，对传统融资是极好的补充，如能有效利用众筹模式，不仅有助于拓宽文化创意产业的融资渠道，也将在推动社会进步与健康发展方面起到积极作用。目前，国内各众筹网站受关注较多，筹资金额较大的文化产业项目是电影类、出版类、音乐类等，有些网站在这类项目中众筹数量占到 70% 以上。这是因为有明星、名人、名企的加入，加上采用"团购 / 预售"的奖励制众筹，加上互联网营销的影响，使这类众筹成为市场的热点。但像国外比较流行的动漫类、游戏类项目目前正在起步，而像艺术品、工艺品、非遗类项目众筹的金额就很少。对此，我们应该去思考行业发展的现状问题和发展趋势，加强创新，才能有所突破。

动漫是我国众筹领域的下一个爆发点。随着我国近几年动漫生产数量的急剧增加，整个动漫市场已过培育期，从业人员和人才快速增长，竞争加剧。市场需要多样化的融资渠道，人才需要多渠道的出口，更重要的是行业需要全面创新来提升发展的质量，在这个创新过程中，与快速发展的众筹市场结合将成为一种必然。动漫企业可以把众筹看作一种重要的融资方式来打交道，这样，对企业自身的发展和对市场的拓广都比较有好处。众筹本身也是一个支持创意的平台，好的创意如果能够得到市场的认可，得到用户的支持，最后也就能得到一个成功的结果。

在艺术品领域，要想使众筹真正发挥作用，就必须对艺术品行业的运作模式进行改造，把艺术品的创作者与经营者分开，充分发挥艺术品经纪公司、画廊的价值，初期以众筹与会展、推广结合为切入口，做大做强艺术品的版权收入，这样才有利于众筹与艺术品行业的结合。

对于非遗类项目，因为两个核心原因：因缺少创新导致难以满足现代人的生活方式而不被年轻人所接受，因缺少渠道去宣传推广非遗文化而不被人所了解，所以大部分非遗项目的市场生存能力很弱。目前的非遗发展，主要依赖传统的方式建立线下研究、展示、保护、宣传平台，实践证明效果都不是很好。如果与众筹结合，做好线下与线上两个市场，借助众筹的融资和融智两种功能，相互借力，互相促进，充分发挥互联网长尾效应的作用，也许是非遗传承和发展的一种突破。

除此之外，特色文化产业、小微文化企业、文化创业者，只要理解了众筹的价值，主动思考与众筹结合，积极思变，选择合适的众筹方式，不管是采用捐赠式、债权式、奖励式、股权式众筹还是组合式创新众筹，都可以借势发展。

众筹，这个因文化而生的创意融资模式，在发展中与文化创意产业始终密不可分。如今，众筹融资模式正在深刻改变着文化产业，众筹平台上一个个文化产业的成功融资，彰显了网络社交时代众筹的能量。我们有理由相信，众筹融资和文化产业相结合，将能够为文化创意乃至文化产业带来翻天覆地的变化。

微筹、云筹的未来遐想

一、微筹

微筹是指并不单一通过专门的众筹平台，而是借助微信、微博、社交媒体、朋友资源圈等渠道自发灵活组织的众筹方式。这种营销模式是采取众人投资的模式到一个项目、产品、服务，以活动发起人作出的回报为出发点进行投资，既可以像团购那样以优惠价格获得新产品和新服务，也可以投资某个小项目。微筹呈现出灵活、快捷、有效的特点，说穿了就是基于朋友圈、熟人圈、同好关系之上的一种投融资行为。

目前，已经有创业团队正将这种朋友圈的众筹拧出来专门做，并将此类众筹定义为"轻众筹"。例如，江苏众筹网络推出了一个名为"众筹空间"的轻众筹产品，意在让用户在朋友圈这样的熟人圈玩众筹。

众筹空间是一款为独立众筹提供工具平台的产品。所谓独立众筹，是区分于第三方众筹平台的一个概念，后者则包括 Kickstarter、AngelList 等大家非常熟悉的众筹平台。独立众筹则是由作为众筹发起人的企业或个人自己搭建并运营的一个众筹平台，不依赖于任何第三方众筹平台。而众筹空间则为这些独立众筹平台提供相关的技术平台支持和服务支持，包括网站搭建、回报管理系统、资金管理系统、股权管理系统等多个技术 / 服务模块。因此，我们可以看到众筹空间的产品逻辑是希望能够解决一个问题：降低发起众筹项目的门槛，做到"让任何人、在任何时间、任何地点都能轻松地发起任何内容的众筹"。

众筹空间也是众筹平台中的一员，其产品体系由 3 个部分构成：基于社交网络、面向广大网民日常生活内容的"轻松筹"；以独立网站运营，针对商业市场的品牌众筹平台；基于可靠技术的回报管理系统。2014 年 8 月 12 日，轻松筹上线，成为了众筹空间首个上线的子产品。

轻松筹是一种即发即筹的众筹模式，既有传统众筹的用户体验，又具备随时随地、随心众筹的特性，有效降低了普通大众参与的门槛。"轻松筹"希望能够打通微信、微博等社交平台，用户通过搜索关注"众筹空间"公众号，在朋友圈发起众筹项目。具有以下几个特点。

（1）即发即筹。以往，项目发起需要经过众筹网站的多重审核，发起人在准备了优秀的文案、等待长时间的众筹周期、付出高昂的推广成本后，才有可能众筹成功。轻众筹可以在手机端即时发起，即时分享，写最简单的文案，碎片化的时间就可以发起一次众筹，分享到社交空间中。

（2）众筹轻量化，门槛降低。原本众筹网站上的筹资项目数额较大，主要是为项目融资和市场验证而准备的，而轻松筹上的项目大多聚焦在用户的日常生活领域，比如一次聚会、一个生日礼物等。这些众筹项目大多只是发起人一个小愿望，并且也比较容易得到朋友间的反馈和支持。另外，轻松筹1 ~ 10000元的限额，1 ~ 30天的筹资时间，让众筹变得简单。无论身份、地位、职业、年龄、性别，只要有想法有创造能力都可以发起项目，1元即可起购，无任何身份、地位等限制。

（3）好友间分享，注重社交。轻松筹有别于投资模式，追求的不再是资金收益率，而是基于自己个性化需求和兴趣定制的产品或服务，轻松筹将参与感和娱乐属性融入冷冰冰的金融产品，让过程更有趣。那些你口中没有时间去做的事，同学聚会、同事联谊、登高揽胜、徒步旅行，不经意，好友间的关系就变得如此亲密。

（4）到账更及时，方便快捷轻。众筹项目在筹资成功后，相比于传统众筹，结款程序更加流畅，款项到账更加及时，方便项目回报的执行，不再有后顾之忧，让连接更加流畅，这个周末，你就可以完成一次众筹。

其实，这种朋友圈的众筹算不算国内独创，其实在硅谷也能找到参考案例，2012年上线的Crowdtilt就是一个为了让用户在手机或平板电脑上发起并操作一个众筹的硅谷创业项目。当时其最大特点是在手机或平板上发起，可以利用自己的社交朋友圈，另外一点是收费模式比传统的KickStarter要低，提成为2.5%，为后者的一半。

虽然模式相近，但"众筹空间"现在在国内推出，完全是看好了现在的天时地利，在国内，智能手机已经成为大众生活不可分离的一部分，很多事情都在手机上搞定，让基于手机的社群效应更明显，这就为轻松筹的出现准备了应有的土壤环境。

二、云筹

随着云技术、大数据等技术的进步，一些平台也动起了运用大数据系统和云服务的结合来发展众筹行业。

云筹是国内首家由专业的创业投资服务机构——创业津梁（深圳津梁创业信息咨询有限公司）创办的互联网创业投资服务平台，它不仅是一个中介的平台，更是创业孵化和服务、投资管理的系统化服务平台，于 2014 年 5 月上线。创业津梁是华南地区最有影响力的天使投资与创业孵化平台，服务于 5000 多名创业者，孵化了 20 多个创业项目。

"云筹"这个名字似乎将现在流行的云计算、云架构、云安全及股权众筹集为一体。众筹是草根精神、民主意识、分享观念在高大上的股权投资领域掀起的一场运动，正在席卷科技创新、文化艺术、私人定制等众多领域；运营"云筹"平台的公司注册在深圳前海，名为"深圳前海云筹互联网金融服务有限公司"，它是创业津梁的全资子公司，能够把"互联网金融"作为公司的业务进行注册，不能不说是一个创举。

前海号称特区中的特区，金融创新可谓雨后春笋，金融布局也是如火如荼。据报道，腾讯在前海也已成立多家公司，主要是互联网金融，总注册资金约为 16 亿元，未来腾讯在前海的投资不会少于 100 亿元。平安陆金所也开始布局前海，将从 P2P 向第三方理财产品线扩大，欲开拓针对个人投资者的产品线……然而在所有入驻前海的公司中，"云筹"应该是前海第一家，乃至中国第一家以"互联网金融"作为业务内容注册的公司，打响了在前海注册"互联网金融"的第一枪！

"云筹"平台利用前海的一系列互联网金融扶持政策进行金融创新，通过云平台架构，在云端筹款，利用云端的第三方托管和安全监控，打造一个跨区域的云端众筹平台，并开展股权转让、资本托管、风险担保一系列金融衍生服务。

云筹的优势主要体现在以下方面。

（1）云筹落户深圳前海，享受互联网金融创新的政策指导与扶持；

（2）云筹把投资服务、创业孵化、筹后管理融为一体；

（3）云筹国内多家创业服务机构、天使投资机构、产业园共同联手共建，资源丰富；

（4）云筹是国内第一家推出用户注册不区别"创业者"与"投资人"角色的平台，用户可转换身份开展创业项目融资或股权投资；

（5）云筹是国内第一家采用在线支付互联网金融行业解决方案的互联网创业投资服务平台，方便创业者和投资人支付和资金管理。

对于创业者而言，通过云筹平台成果融资后，创业者将会得到专业的创业孵化服务，在战略定位、产品设计、模式优化、市场细分、赢利模式等方面也会得到指导，创业成功的概率也会增加。对于投资人而言，由于云筹的云架构，投资人异地投资不是梦。再加上专业的投后管理、创业孵化机构，投资人投资后也会更加省心，投资风险也会降低，投资的回报也会增加。

面对天使汇、大家投、爱创业、爱合投、众筹网、好众筹……云筹能否成为互联网股权众筹平台里的新标杆，尚需时日观察。

渐行渐远的中国式众筹

事实证明，所有舶来品最终都免不了本土化的变异，众筹这一舶来品也是如此。随着国内电商及众筹网站的不断发展，我国的众筹已经发生本质上的改变，开始呈现出和海外模式截然不同的情景：融资功能逐渐弱化，预售、宣传、曝光却被渐渐挖掘开来，与团购的区别越来越小，远离了帮助中小企业和有梦想的创业者的初旨，这样的运营方式和他的"孪生兄弟"美国的 Kickstarter 和 Indiegogo 早已天差地别。

进入 2014 年以来，国内首家众筹网站——点名时间走向转型之路，并逐步淡化众筹的概念，调转方向定位为智能硬件首发平台。在这一转变之下，众筹网站也偏离了孵化梦想的路线，在用户眼里更像是一个团购或预售网站。难怪有业内人士称：国内其实没有众筹，国内很多众筹网就是首发网，必须证明你的产品是能够量产的，流程全部弄好，才可以去众筹。像京东众筹、淘宝众筹，严格意义上并不是真正意义上的众筹。

在我国，众筹这个新生事物的发展路径，由扶持创业和创新的初衷正逐渐被各类预售式、炒作式的"擦边球"众筹所遮蔽。

众筹和预售，从形式上很难去清晰界定，其微妙区别就在于发起人的本意和众筹产品是否具有创造力。目前国内大部分产品众筹，其实更接近于产品限时预售，或是借助风头正劲的众筹之名吸引媒体和用户的关注。

众筹在我国发展至今，有很多众筹平台实际已转型为预售平台，也有观点认为预售更符合中国式众筹的发展现实，才是众筹的未来。众筹在我国遭遇的这种变异有多方面原因，如我国用户对于众筹回报的要求会相对实际，如真正有创造力和差异化的众筹项目相对较少等，反而产品预售在国内市场有着更多的需求，如对市场反应进行产前检测、降低生产风险等。

预售式众筹有其现实需求和商业价值，但如果将众筹等同于预售，实际上忽略了众筹背后的商业价值潜力，即创业者或创新者的成长空间，因为预售是基于现实产品，而众筹更多是基于未来。

另一方面，借众筹之名吸引媒体和大众关注的炒作式众筹如今也是愈演愈烈，甚至以刷单来制造眼球效应。这类所谓的众筹，对众筹产业实际上是一种伤害，降低了大众对众筹的信任度和参与度，对于真正有资金和资源需求的创业者和创新者也是一种打击，与众筹本质背道而驰，这无益于整个行业的发展，只会让那些喜欢投机取巧的平台或厂商得逞，而难以让民众的资金流向那些真正需要的项目上。

"穿了洋外衣，却没有学会洋礼仪"，这就是中国式众筹的现状，希望众筹平台提供者、项目发起者、资金支持者及相关的监管机构都能够看到这一点，让众筹回归本质，发挥其支持创业和创新的作用。

发展中国家是未来众筹的蓝海

虽然众筹在发展中国家启动较晚，但发展速度喜人，众筹平台快速增长。在过去的 3 年中，众筹在非洲南部已经实现了稳定增长，平台数量每年翻番。推动这一增长的因素可能包括众筹阶层的崛起、移动通信技术的快速发展及真正的市场需求。在这个区域内比较成功的平台包括

Homestrings 和 Startme。Homestrings 是一个在众筹基础上实行基础设施项目投资的平台。据其 CEO 埃里克称，自 2011 年推出至 2013 年 2 月期间，Homestrings 已调用了 2500 万美元的资金，扩展到了 13 个非洲国家。并且，其产品的范围日益扩大。该平台针对机构和个人投资者，通过将零散的资本收集起来投资大型项目，投资领域包括肯尼亚政府、第一量子矿业公司、加纳、尼日利亚和 AfrenPLC。Homestrings 在为投资者带来收益的同时也改善了当地人们的生活条件。Startme 则是一个更加传统的众筹平台，其主要关注初创企业的早期融资及活动性众筹，目前其网站上有 20 个创业型活动，其中 4 个已经超出了筹资目标，总额达到了 45000 美元。虽然总额不高，但是 Startme 证明了即使在发展中国家小额的创业也有着很强的需求。

而在拉丁美洲和加勒比地区，传统的资本运作方式无法满足快速增长的资本需求，众筹则实现了超过其他区域的超高速发展。自 2010 年以来，众筹平台数目由 5 个增加到了 41 个。在这个区域内有两个最活跃的、最成功的平台——Catarse 和 Ideame。在巴西，Catarse 已通过其基于奖励的平台从 40000 多个支持者那里为 1000 多个活动筹集了 410 多万美元的资金。平台筹集总额从 0 到第一次达到 100 万雷亚尔（约 45 万美元）花费了 10 个月，而在 2013 年，筹集相同额度的资金仅需要 45 天。这也证明了众筹具备快速反应的特性。Ideame 成立于 2011 年，并在该地区的 6 个国家（阿根廷、墨西哥、智利、巴西、哥伦比亚和乌拉圭）开展了个中众筹活动。网站上的活动类型丰富，共有 19 种类别，已经筹集了超过 15 万美元的资金。

中东和北非地区的增长率也高于平均水平。2010 年这个区域内尚无众筹平台，2011 年有 4 个平台开放，到 2012 年则有 7 个新的众筹平台。黎巴嫩的 Zoomaal 主要关注活动性众筹和创业性众筹，虽然运作不足半年，却为 4 个项目筹集了约 10 万美元。这 4 个项目包括 1 个企业型、1 个音乐相关型及 2 个活动相关型的众筹。

在南亚地区，2006 年到 2010 年间，每年有一个新的平台开放，2011 年有 7 个平台开始运营。2013 年更多且涉及不同领域的众筹平台纷纷涌现。

以上数据说明众筹虽然在发展中国家起步稍晚，但是追逐的步伐飞快，而且各个区域内的不同众筹平台也具备较强的活力。特别是在中国，根据世界银行 2013 年发布的《发展中国家众筹发展潜力报告》显示，预计到 2025 年，发展中国家众筹将达 960 亿美元规模，其中 500 亿美元就在中国，这是一块很大的蛋糕。然而，世界银行同时也指出，由于在发展中国家众筹还处于胚胎状态，现有的众筹主要集中在特定领域内，尚未渗透到技术性众筹中去。未来，众筹在发展中国家的发展，我们将拭目以待。

中国股权众筹未来的发展趋势

2014 年 11 月 19 日，国务院总理在常务工作会议上提到"开展股权众筹融资试点"，此举被股权众筹从业人士视为股权众筹在中国的起点。此政策的出台为中小企业"创新创业"注入了崭新活力，有效缓解了企业融资难题，成为中小企业创业融资新风向。

国家的大力推动，让股权众筹得到迅猛发展。据最新发布的数据显示，截至 2015 年 7 月 31 日，全国共有 113 家股权众筹平台成功募集到理想资金，总金额达到 54.76 亿元，项目成交数量达 1335 个。按照当前这样的发展趋势，股权众筹无疑已经成为了广大中小企业继 P2P 网贷之后的下一个融资风口。2015 年是互联网金融监管元年，更是股权众筹高速发展的一年。伴随着监管政策的频频出台，政策层面继续明朗，中国股权众筹将迎来一个最佳的发展时期。

股权众筹一般是这样的：投资者通过出资入股公司，来换取该公司一定比例的股份，也可以说是互联网化的私募股权。现在国内众筹最普遍的是合投机制，由专业投资人对某个公司进行领头，再由普通的投资客进行跟投，然后双方出席董事会，对投资项目进行投后的管理工作。

相比于传统的融资方式，股权众筹的精髓在于小额和大量，融资门槛相对于私募股权投资明显降低，这为新型创业公司的融资开辟了一条新的路径。从此，初创企业的融资渠道不再局限于银行、PE、VC 和天使基金，同时普通投资者也有机会参与到一些高成长的企业股权投资回报中。

　　股权众筹的本质是金融服务业，而金融服务业更多的是面向中小企业服务。也就是说，股权众筹平台在整个融资过程中主要充当中介角色，同时服务于项目支持者和融资人。自 2013 年国内出现第一例股权众筹案例之后，股权众筹在我国迅速发展，吸引了众多企业涉足其中，如电商企业、在线支付企业、P2P 企业等。

　　数据显示，目前市场上的股权众筹平台数量大约有 160 家，大致有这么几类：第一类以天使汇、众筹网为代表，它们是较早一批做众筹的网站；第二类是以 InnoTREE（因果树）、36kr 为代表的新兴股权众筹平台，它们成立时间较短但成长迅速，且只做股权众筹；第三类则是蚂蚁金服、京东金融、平安集团等巨头旗下的众筹平台，所涉及的众筹概念更为宽泛，股权众筹也只是它们布局互联网金融的触角之一。

　　股权式众筹被称作真正的众筹形式，未来可能成为可以对比纳斯达克的类股权交易市场。但是目前我国股权众筹发展的最大障碍有 6 条不能逾越的法律红线，它们分别是：不向非特定对象发行股份；不向超过 200 个特定对象发行股份；不得采用广告、公开劝诱和变相公开方式发行股份；对融资方身份及项目的真实性严格履行核查义务，不得发布风险较大的项目和虚假项目；对投资方资格进行审核，告知投资风险；不得为平台本身公开募股。

　　目前国内的股权众筹平台有云筹、原始会、好投网、人人投、我爱创等。为了不触及法律红线，国内最著名的股权众筹平台天使汇的运作模式是由创业者向天使汇后台提交项目介绍、商业计划书和团队成员等信息，通过后台审核的项目会在天使汇的平台上披露出来，而平台另一端聚集了经过严格考察、挑选的专业投资人，他们可从中挑选出其感兴趣的项目，线下约谈创业者，并判断是否投资，创业者也可向投资人推荐自己的项目。最终，能进入项目的投资人总数将严格受到限制。

　　由以上分析可以看出，我国股权众筹尚不完善，存在着一些法律风险。但是随着监管政策的不断完善和细化，市场会逐步进入有序发展阶段。但行业高度集中的属性却难以改变，因为股权众筹是资源密集型的行业，平台越大、资源越广、服务能力越强，呈现出典型的规模经济效应。就目前来看，我国股权市场正在经历"野蛮、无序生长——整顿——健康、

有序发展"的"整顿"阶段。

无论是从已有的数据统计，还是实际的市场需要，股权众筹在我国的市场潜力都非常巨大。未来的股权众筹发展趋势可能会表现在以下几个方面。

1．"合伙人众筹"模式

"合伙人众筹"模式将是我国股权众筹的未来，因为合伙人众筹不仅能有效解决创业企业的融资难题，还能保证相应的合法性、专业性和安全性。一方面，合伙人项目比较容易控制股东数量，且不需要进行公开的广告宣传，仅需要在朋友、同事等一些较小的范围内进行传播；另一方面，合伙人项目的发起者往往既是项目的运营者，又是项目的领投人，他可以对所投资的项目进行专业地评估，并相互签署合规的法律文件，能最大限度地降低投资者的投资风险。此外，合伙人众筹还能为项目"筹"到创意、人才和其他非资金的资源。显然，在国家还没有完全开放股权众筹通行证之前，"合伙人众筹"是在当前形势下最合适的股权众筹模式，也是广大创新创业企业最快获得融资的最佳选择。

2．股权众筹将生态化

股权众筹若要得到发展，不能仅以一个平台而孤立地存在。要发展成为多层次资本市场体系中的一员，必须与其他资本市场建立有机的联系，这就是股权众筹的生态化。未来生态化的趋势主要表现为以下两大方面：第一，股权众筹平台将与孵化器、创业训练、天使投资基金、创业者、创业服务者等建立连接，为靠谱的创业者提供系列服务，从而培育出大量的优质靠谱好项目，有了靠谱的好项目，就可以发挥平台的作用；第二，股权众筹平台将与国内的新三版、区域性的产权交易所、证券交易所及境外的各类证券交易市场建立广泛的联系与有效的衔接，成为这些股权交易市场的前端、交易目标的输送者和提供者。这样的有机结合能够使股权众筹市场成为多层次资本市场的一员，与其他股权交易市场有机衔接，以发挥其独特的股权融资作用。

3．股权众筹必以行业垂直化作为突破口

行业细分是符合事物发展分化规律的，分化的目的是找准产品品类。

只有把新事物放到具体的环境中才符合心智模式的定位。股权众筹平台或项目必须要选择一个经过垂直化的品类，才能真正得到长足的发展。现在很多的股权众筹平台做大而杂的占大多数，但综合类的股权众筹平台必然失败，必然被具有行业属性垂直化小而美的股权众筹平台所取代。未来的股权众筹平台必然和行业高度结合才有发展的机会。

4．"全民天使"的时代终将到来

按照证监会新规，股权众筹将出现公募化的趋势，也就是公开向不特定的群体募集资金。去除了原先 200 个投资者的硬性要求，业界普遍认为，"全民天使"的时代即将到来。

所谓"全民天使"，是指百姓都来参与股权众筹，人人都可能是未来的天使投资者。中国人民大学法学院副院长杨东认为，股权众筹实际上是要去中介化，是投资者直接投资公司的过程。而发展直接融资则是我国金融市场建设中必要的环节。尽管形成"全民天使"时代需要漫长的过程，但这个时代终将会到来。

5．社交股权众筹趋势化明显

随着互联网的不断发展，特别是移动互联网，我们已经进入了新型的社群时代。一切的经济活动将在社群中完成和进行，生产者与消费者都将成为参与者、合作者。社群时代为私人订制的个性化需求提供了实现的可能。股权众筹也不例外，未来的股权众筹将在特定的社群中发生与进行，通过社群进行股权众筹将大大提高交易的效率，保证项目的质量，从而减少诚信缺失环境下的虚假和欺诈问题。

第七章

众筹实例——看各行业如何玩转众筹

众筹是一种创新的商业模式，众筹能帮助我们收获意想不到的融资、推广等方面的惊喜。但要想真正有效地发起众筹，仅仅在理论上有了解是不够的，最需要的还是应该研究那些通过众筹获得成功的案例，他们是如何做到的。各行各业，都有众筹的成功案例，无论从事哪一行，总能从中找到与自己相似的。而这也正是本章的主旨。

电影众筹：西游记之大圣归来

2015 年，3D 动画电影《西游记之大圣归来》在上映 20 天后，斩获了高达 7.3 亿元的票房，这无疑是国产动画史上一个标志性的里程碑。该片片尾出现的 89 位投资人名单，也再次引发了人们对众筹这一互联网融资方式的广泛关注。

谈起这次众筹，时间还要追溯到 2014 年 12 月 17 日。当时，筹备了近 8 年的《大圣归来》已经进入最后的宣传发行阶段。相比半年前接手时资金上的捉襟见肘，出品人路伟更开始担心这部缺明星、缺颜值、缺话题的动画片如何吸引观众走进电影院。于是，路伟在自己的微信朋友圈里发了一条消息为《大圣归来》的宣发经费进行众筹。寥寥数语只是说明了这是一部动画片，预计 2015 年春节上映。另外，作为出品人的他保底分红。这明显与其他电影众筹不同，此次众筹没有在众筹平台或互联网金融平台发起，而是在微信朋友圈中发起，依靠发起人的影响力、项目的品质与吸引力进行众筹。

令路伟没有想到的是，从上午 11 点 50 开始，到下午 3 点多，已经有超过 70 位朋友加入了这个名为"西游电影众筹"的微信群里。大家参与众筹的金额从 1 万到数十万不等，不到 5 小时的时间便筹集了 500 多万元。

一个星期之后，《大圣归来》的众筹项目共筹集了 780 万元，有 89 名投资人参与。他们以个人名义直接入股了《大圣归来》的领衔出品方"天空之城"，直接参与到这部投资合计约 6000 万元的电影项目中。

而作为此次众筹回报，投资人可以在片尾署上自己孩子的名字，作为孩子成长过程中的一个纪念。除了这种精神上的回报，路伟觉得平均每个家庭投资了将近 10 万元，必须有实实在在的物质回报才更有诚意，这次的众筹其实是基于股权层面的一种保障性的众筹模式，收益大家共同分享，所以，待电影公映后，将按比例给予相关投资人分红。参与此次众筹的投资人主要有三类：金融圈、上市公司和电影界的朋友，这是一个相对私人化的众筹模式，是一次通过互联网在熟人圈发起的非常成功的文化众筹。

至于众筹想法的最初产生，还隐藏着一段"小故事"。路伟说："有一天，我的一位师兄找我吃饭，说他有两个小孩，以每个孩子 10 万的数额他愿意投资 20 万，但有个小小的想法：能不能用两个孩子的名字来做这个众筹？将来孩子长大成人，他就可以告诉他们：16 年前你已经参与一个电影投资了，他说这将是自己和孩子在未来特别好的一个沟通话题。"

路伟觉得这个想法既动人又有意思，就把它发到自己的电影众筹群里，得到了"朋友们"的积极响应，都觉得这个想法不错，署上自己孩子的名字，作为"给未来的礼物"。后来，他们还为孩子们拍了一个短片，在电影片尾作为一个特别的"彩蛋"。

《大圣归来》上映后，此众筹项目的收益超乎想象。据估算，去掉 1.5 亿元的成本、3% 的税收、5% 的电影产业基金、发行费用等，投资这部电影的收益率约为 33% ~ 37%。这个利润收入再扣除院线和制片方的分成，众筹出品人大约可分得 10% 的利润。

根据票房统计，《大圣归来》在两个月里的收获超过 9.5 亿元。按照上述算法，这 89 名众筹出品人可以获得本息 4500 万元左右，一年内的投资回报率超过 500%。不仅如此，根据合同，投资人还将分享《大圣归来》未来的所有收益，包括游戏授权、新媒体视频授权、海外收入分账等带来的收入。

另一个大赢家是微信电影票，他们也是《大圣归来》的联合出品人。根据获得的数据显示，微信电影票平台销量大约占到《大圣归来》票房

的三到四成，这也意味着销售额达到 3 亿元左右，这也是微信电影票年初以来单片获得的最大成绩单。

可以说，《大圣归来》的成功，让更多的人看到了"电影"众筹"的巨大潜力。

事实上，电影众筹之所以越来越受到欢迎，一是电影产品形态比较简单，票房收入是唯一的指标，二来，电影作为短线产品也比较适合众筹，一个电影从拍摄到公映周期一般最长两年，多数众筹还是在电影的宣发期进行众筹，周期就更短了，这样对于众筹人而言，时间风险比较低。而电影作为一种公众化的产品，自身的品牌影响力比较大，对于公众而言，参与度比较高，更适合采用众筹的方式进行融资。

房产众筹：三种模式分析

随着"众筹"概念大热，房地产众筹逐渐进入人们视野。所谓房产众筹，我们可以理解为多人投资一处房地产，共同拥有并共同获取房产收益的过程。2012 年 12 月 8 日美国网站 Fundrise 率先将众筹的概念植入房地产中，诞生了"房地产众筹"模式。Fundrise 提供住宅地产、商业地产及旅游地产等各种类型的不动产项目，投资门槛只有 100 美元，一经上线便获得了火爆的反响。国内的房地产众筹平台是在 2014 年下半年开始出现，截至 2015 年上半年，15 家典型平台交易额累计达到 9.1 亿元。相比全国每年数万亿级的房地产销售规模，所占比例不值一提。但随着越来越多的房地产企业开始认识、重视并实践房地产众筹，这一创新型融资方式和营销方式必将蓬勃发展。

目前市面上的房产众筹大致可分为三种类型：一是融资开发型，此类房地产众筹的特点是开发商以获得开发建设资金为目的，投资者主要以获得房屋产权为目的；二是营销推广型，即将众筹的概念应用在营销活动上，无大范围推广的价值和可能性；三是投资理财产品型，模式是向投资者募集资金并投资于房地产项目，项目增值，投资者获利，贬值，则亏损。

下面，通过具体案例分析一下。

一、融资开发型众筹

2015 年 4 月 29 日，碧桂园以 6.08 亿元竞得上海市嘉定区徐行镇 02-05 地块，这也是平安好房首个开发类众筹项目。项目以"一平方米"作为众筹单位，由平安好房将众筹项目包装为保险、债券、好房宝等金融产品，向特定对象（平安好房注册用户）进行认筹，通过金融产品设计，避免投资者与开发商直接接触，规避了集资建房的法律风险；融资完成后项目开工，在开发建设过程中，投资者将以微开发商的身份，对项目提出建议，参与到项目的设计、社区配套等过程中，一定程度上实现产品"定制化"；在楼盘完成后，投资者即拥有了某一套楼房整体或部分的权益；此后，投资者可以选择众筹权利转为产权，直接拥有该套住房，或者是委托开发商卖房后转成收益权。这一模式带有明确的营销导向，要求投资者需是未来的购房者。

在平安好房模式中，投资者的收益主要体现在前期众筹的标的价格将远低于楼盘的销售价格，价差将成为其主要获利渠道；开发商虽然在销售价格上有所让利，但通过众筹降低融资、销售等环节的成本，从而获得收益，并实现了对购房客户的提前锁定；而平安好房在整个众筹过程中只做平台建设，并不参与具体投资，收益来源于向开发商收取的平台管理费用。

二、营销推广型众筹

1．方兴地产："双十一光盘节"促销战

2014 年"双十一"期间，方兴地产筹划了"双十一光盘节"促销战，全国 11 个楼盘的 4400 套房源参与，总计优惠金额 3.3 亿元。"双十一"当天，方兴地产 24 小时销售 42.68 亿元。其中，旗下上海星外滩一栋楼以 28.2 亿元成交，另有某业主以 6319 万元购入方兴旗下北京广渠·金茂府一套商铺。

2．远洋地产："凑份子付首付"活动

2014 年 11 月 14 日，远洋和京东"凑份子付首付"活动第二季正式上线。整个活动将从 11 月 14 日持续到 11 月 29 日，并被分为两档，一档是 11 元筹 9 大城市房首付款，覆盖北京、上海、杭州等全国 9 大城市，

最高一套可帮客户节省 47.7 万元。另一档是 5000 元筹 12 大城市的折扣房资格。从 14 日开始，每天将重磅推出两个城市的众筹项目，北京、天津率先启动，其余城市上海、大连、杭州、中山、武汉、秦皇岛及抚顺等，将根据用户点赞数来确定启动顺序。

此前，11 月 11 日，24 小时，18 万人参与，总金额超过 1200 万元，远洋地产的房产 1.1 折众筹项目刷新了京东金融旗下的众筹历史数据。远洋地产的相关负责人表示：这次活动的销售目标是 30 亿元。正是由于 11·11 众筹活动吸引了极大的社会关注度，客户对项目购买兴趣大增，才决定立即启动众筹第二波。这次远洋全国多个城市在售住宅项目也将积极联动，形成远洋全国 19 城同感恩共回馈的火热氛围。

从上面两个事例可以看出，此类众筹不仅仅是给购房者实惠，也是开发商的一种营销推广手段。如果将品牌传播效果计算在内，开发商固然是既卖了房子，赚了银子，又赢得了名声。未来，互联网平台有可能承担起虚拟售楼处的角色，将线下的展示厅搬到线上来，对开发商来说，这节约了营销成本，对消费者来说则能够获得更多的让利与实惠。但这样的活动能够成为常态吗？开发商能够将自己所有的房子都这么卖吗？我们还要拭目以待。

三、投资理财产品型众筹

2014 年 8 月 18 日，致力于成为国内最大房地产电子商务网站的平安好房宣布，即日起全面开放众筹美国房产。通过好房网（www.pinganfang.com.cn）注册，用户最低只需 100 美元就能参与网络众筹，投资美国房产，体验做美国"房东"的滋味。此次众筹的美国楼盘均带有现成租约，其商业价值受主流市场认可。一旦众筹项目成立并运营，参与人就可以按季度领取预计年化收益 4% ~ 5% 的"房租"收益。项目持有 2 ~ 3 年后，通过出售房产，还可能再获一笔不菲的房产增值收入。

对于首期海外房产众筹项目，平安好房设定的众筹周期为 30 天，目标金额为 100 万美元，单笔最低购买份额为 100 美元，每名用户最多可认购 10 份，即 1000 美元。这样的低门槛设置能让尽可能多的普通消费者参与到众筹项目中来，体验海外投资的乐趣，并由此加深对平安好房的认知，提升用户黏性。

此次平安海外众筹项目属于投资理财型众筹，这类众筹实质上是准房地产信托基金产品，通过众筹实现多人持有一个物业产品，降低单个投资者的投资额度，达到促进销售去化、改善项目现金流的目的。此类众筹一般的模式是，在众筹成功后，所有投资者将组建成立资产管理公司，由资管公司整体购买物业，并委托物业管理公司等进行管理运营；投资者通过金融产品持有物业相应权益，获得租金收益及持有期内的物业增值价值；开发商以较高的销售价格获得现金，同时收取长期的资产管理费用。此类众筹通常门槛较高，持有期较长，一般要 2 年以上。

综上所述，我们认为，房产众筹一定意义上是实现了社会资源匹配的高效化和优质化，并且采用了更为直接的方式降低了房地产商的市场营销难度，提高了精准性，并且为广大的购房用户群体带来了更为直接的优惠和更有落脚点的金融服务。从整个社会的融资服务链条而言，目前大多数融资服务是通过银行的间接渠道进行的，成本较高，而且需要承担较大的资金使用风险和利息压力，而房地产融资也一直是一个关乎国计民生的大课题，政府也一直很关注。如果能够以众筹房产作为起点，以后续的资金端的众筹来切入，直接在房地产项目开发和销售的整个流程中进一步实现购房者前期投资和后期消费的结合，那么将带来更大的社会意义，而且是互利的：降低楼盘的融资成本，降低价格，甚至是提高了未来房地产产能与需求之间的匹配性。也正因为如此，目前各大房地产商都在想尽办法推出自己的房产众筹产品，虽然短期内不能全面替代现有的房地产业融资服务和设计、建筑、施工、销售全流程管控，但是可以作为一个积极的创新业务方向进行实践。

众筹房产的时代已然开始，你准备好了吗？

社交众筹：众筹咖啡馆的兴起

中国人讲究"圈子"文化，同学讲同学圈，朋友讲朋友圈，但除了亲朋好友这些熟人圈子外，很多人还渴望有一个"熟悉的陌生人"圈子，也就是趣味相投、经历相似、行业相近的一群陌生人组成的圈子，这种圈子可以脱离于家庭和公司，让一个人的社会属性更鲜明。一般的协会组织算这种圈子，但做得好的不多，随着互联网金融时代里众筹模式的兴起，咖啡馆成了构建这种圈子的最佳载体。

一、3W 咖啡馆

在北京中关村西大街上，有一家极力营造互联网人群圈的 3W 咖啡，成立于 2011 年底。3W 咖啡是由许单单、马德龙、鲍春华三位创始人负责经营的，以股权众筹模式而创办的新型咖啡馆，3W 咖啡联合创始人鲍春华解释咖啡馆的经营理念为"以咖啡为载体，为创业培训及风险投资机构寻找项目搭建平台"。

3W 采用的众筹模式是，向社会公众进行资金募集，每个人 10 股，每股 6000 元，相当于一个人 6 万。3W 有一个豪华的投资人阵容，包括乐蜂网创始人、知名主持人李静，红杉资本中国基金创始及执行合伙人沈南鹏，新东方联合创始人、真格基金创始人徐小平，德讯投资创始人，腾讯创始人之一曾李青，高德软件副总裁郭建军等，这也让创始人许单单春风得意。而 3W 咖啡也被福布斯中文网喻为有中国特色的众筹创业模式的案例之一。3W 很快以创业咖啡为契机，将品牌衍生到了创业孵化器等领域。

3W 的游戏规则很简单，不是所有人都可以成为 3W 的股东，也就是说不是你有 6 万就可以参与投资的，股东必须符合一定的条件。3W 强调的是互联网创业和投资人的顶级圈子。而没有人是会为了 6 万未来可以带来的分红来投资的，更多是在意 3W 给股东的价值回报在于圈子和人脉价值。试想如果投资人在 3W 中找到了一个好项目，那么多少个 6 万就赚回来了。同样，创业者花 6 万就可以认识大批同样优秀的创业者和投资人，既有人脉价值，也有学习价值。很多顶级企业家和投资人的智慧不是区区 6 万可以买的。

3W 咖啡不只是一家普通的咖啡馆，它的业务还包括天使投资等，它还会定期组织深度沙龙和聚会，促进富有创意的年轻人和创业者之间的经验分享交流和股东之间的合作交流。3W 咖啡正在运营的一个名为"拉勾网"的互联网求职与招聘网站，在 2014 年 8 月刚刚获得 2500 万美元的融资。2012 年央视更是对其进行了报道，此举引爆了 3W 咖啡的行业影响力，也助推 3W 走上了连锁运营模式。

短短几年时间，3W 成为了一个知名的跨界品牌，开创了咖啡馆的创新——从一家咖啡厅出发，瞄准互联网公司和人群，深耕细作，现在已成长为涵盖创业孵化、投资（有个 4000 万的基金）、猎头、公关服务和在线招聘于一体的创业服务平台，完美演绎了众筹模式。

3W 咖啡是采用会籍式众筹发展起来的，比较适合同一个圈子的人共同出资做一件大家想做的事情。比如开办一家 3W 这样有固定场地的咖啡馆方便进行交流。

3W 的成功也道出了中国特色众筹模式的关键。在体制缺失的情况下，优先建立游戏规则。在信任不成熟的条件中，基于人脉圈和人际圈进行扩散。3W 为投资人提供了一个基于圈子的价值。换言之，3W 为众筹的对象提供金钱不能够提供的人脉价值、投资机会、交流价值、社交价值、聚会场所等，这些是这些众筹参与者看重的。

二、一八九八咖啡馆

2013 年 10 月 18 日，依托北大校友创业联合会平台，200 位北大校友每人出资 3 万元众筹成立了国内首家校友创业主题的咖啡馆，旨在通过连结学校、校友、社会、凝聚多方资源，打造校友创业之家。

一八九八咖啡馆的成立是依靠熟人众筹，因为是熟人圈，基于信任，股东没怎么见面，咖啡馆就办起来了，而且速度很快，从发起号召到开业，用了不到半年的时间，它成立之后推动的融资案例依然是靠熟人众筹。浏览股东花名册，200 位发起人涵盖了北京大学近 30 年来不同届别、不同院系、不同专业的毕业生，皆为在各领域中的知名人士、企业家、高层管理者。这些联合创始人所在的行业涉及金融、移动互联网、新能源、新媒体、教育、法律、高科技等多个领域，依托于此，一八九八咖啡馆可以最大限度地为包括北京大学校友在内的创业者提供创业各阶段所需的资源。此外，200 名发起人中，八成左右都出生于 70 年代，目前多处于事业上升期，其寻求合作发展的动机非常强烈，带动了圈子活力。

200 位股东的力量有多大？ 200 个人都有自己的圈子，每个人都是咖啡馆创始人、消费者和宣传者，200 个人会带很多人过来消费，形成了口碑圈子的消费和宣传。数据证明，通过 200 位股东的微信传播，开业前 3 天咖啡馆就来了 1500 人,之后这 1500 人又成了新的微信源,口口相传一个月后,全球的北京大学校友几乎都知道了一八九八咖啡馆,它的附加价值在原来的基础上放大了 N 倍。

一八九八咖啡馆实行股东轮值制度,每位股东每年至少进行一次轮值。他们早上到咖啡馆做服务生,下午约朋友来咖啡馆聊天,晚上则要组织一场活动。通常,一八九八咖啡馆平均每星期举办 4 场活动,一年下来有 300 场左右。北大校友和社会精英的光顾,使得一八九八咖啡馆聚集了高人气,在这里,一个又一个新的项目被孵化出来,当然包括许多众筹项目。

显然,搭上众筹的快车,一八九八咖啡馆现在已经成了一个非常高效的交易所,不同圈子的人聚集到这里,交流思想、交换资源、交易项目……

目前,一八九八咖啡馆的董事长杨勇打算以这一模式开成百上千个咖啡馆,聚集不同的校友会、高端俱乐部和商会协会。

从一八九八咖啡馆的建立及运营,我们可以看到:咖啡馆不是让你拿钱来投资,而是拿钱来投资一个圈子平台,每个人都有"入门费",但换来的是一个高端的"圈子",得到的是跨界资源、人脉、时间和更多的服务。

在全新的商业模式下,一个咖啡馆拥有了更多的附加价值,这些价值较以往的评估方式加乘了 N 倍,而当与资本结合则会带来更大的变化。

三、HER COFFEE

2013 年 8 月,66 位来自各行各业的海归白富美,每人投资 2 万元,共筹集 132 万元在北京建外 SOHO 开了一家咖啡馆,名字叫 HER COFFEE。这些美女股东几乎都有国外名校的背景,大多就职于投行、基金、互联网圈,最初只是八九个人凑在一起想开个咖啡店,因为钱不太够,于是又各自拉进来不少朋友,最后开了这家被称为"史上最多美女股东"的咖啡馆。

开业当天,请来了众多明星、企业家为它站台,包括影视明星李亚鹏,主持人王梁、李响，暴风影音 CEO 冯鑫，银泰网 CEO 廖斌等。

最初，咖啡店的股东们声称她们将会举办各种主题活动，以吸引创业女性来此聚集，然而，在开业不到一年后，却传出无法盈利要关店的消息。

其实，衡量众筹模式成功与否的最直接标准就是盈利，这也是众筹模式能否继续实施的前提所在。事实上，HER COFFEE 的情况并非个案，长沙曾有一家吸纳了 144 个股东的众筹咖啡馆，同样在摸索近一年后，因为持续亏损，正面临倒闭；杭州也有一家 110 名股东的众筹咖啡馆开业一年半，收支从来没有实现过平衡。同样例子不胜枚举。

我们常说，理想很丰满，现实很骨感。的确，众筹确实圆了我们开咖啡馆的梦想，但并非可以让我们的梦想持续下去。

从一些面临倒闭的众筹咖啡馆里，我们可以看到这样一个通病：咖啡馆的众筹发起，只凭一纸股东招募方案，或是在各自朋友圈转发，有兴趣的就可加入。互不熟悉的人聚在了一起，开起了一家咖啡馆。这些人当中或许是想开咖啡馆，或许只是一时兴趣。不管什么原因，当这些不认识的人聚在一起便肯定会出现问题。到了后期便会出现股东大会人不齐，无人认真打理咖啡馆事宜等。初期的众筹，股东之间应是互相了解的，股东的选择，不是给钱就可以加入。加入的人不但有资源、有能力、有热情，还要有奉献精神，能够为咖啡馆的建设、管理、运营提供支持。只有真正有心的核心股东的加入，这样的咖啡馆才能火起来。

基于上面的一些因素，就咖啡馆的众筹模式而言，我们给予以下几点意见：

第一，建立众筹咖啡馆的所有权和经营权的定位，明确股东和经营者双方的权力义务，完全依靠线上 QQ 和电话联系的方式，难以在众筹者之间建立紧密道德，相互约束的利益机制。最好是能采用线上众筹，线下注册合作制企业的方式，明确双方的利益诉求。

第二，要建立咖啡馆的监督运营方式，及时公开咖啡馆的营业状况、收支情况、纳税情况及客户群体的定位和市场营销工作等相关的运营内容。股东要发挥一定的监督作用，如果众筹咖啡馆只是为了满足少数人

的公益和文艺需求，而不以市场化的竞争需求来管理和运营的话，咖啡馆就很难在标准化的企业管理和市场化的竞争中生存下来。

第三，在众筹咖啡馆步入稳健运营之后，还需要考虑长远的发展，如何将区域化的众筹咖啡馆走向异地，同时扩大品牌影响？到了这个阶段，众筹所代表的创业阶段也就基本结束了，原始股东和经营者需要考虑的是引入更大的风投资本，在股本结构和产权结构上进行多元化的探索，并建立长期的加盟或自建渠道的运营机制，建立咖啡馆的品牌。

事实上，众筹可以解决咖啡馆的融资问题，但解决不了经营问题，至于众筹咖啡馆能否走得更远，这是值得创业者思考的问题。

游戏众筹：一边游戏一边众筹

我们知道，游戏的开发对资金依赖性很大，融资难、融资渠道狭窄使得投资方直接决定着游戏项目的生死和方向，那些关系游戏开发者梦想和追求的创意往往在投资者求稳怕冒险的心理下胎死腹中。而众筹的出现，却让游戏开发者看到了希望。

目前，众筹模式已经成为游戏开发集资中不可忽视的一股力量，通过众筹不仅可以帮助游戏开发者改变传统的融资方式，最大化地摆脱资本对游戏开发的束缚和指手画脚，而且由于众筹模式中的出资支持者大多都是玩家，因此，反而能通过众筹更好地了解玩家需求，开发出更接地气、更具创意的游戏。与传统的游戏融资运作不同，打破常规的游戏众筹让游戏开发者和玩家都如沐春风。

下面，让我们看一下国内外游戏众筹的经典案例。

一、《星际公民》的神话

2012 年，一款名为《星际公民》的游戏在众筹网站 Kickstarter 上线了。该游戏试图让玩家在广袤的宇宙中驾驶各式各样的飞船，探索各个星球，运载着乘客和武器，在星系与星系间冒险、生存和战斗（就像著名动画《星际牛仔》中的那样）。游戏里，重力、质量等因素都会被游戏画面一一表现，堪称最真实的宇宙游戏。

　　在此次众筹中，投入金额在 36 ~ 18000 美元间的用户可以得到一架虚拟太空飞船作为回报，在游戏中使用，或是可以最先试玩测试版游戏，得到一件 T 恤衫之类。但他们没办法得到该企业的股份或享受分红。与其他回报型众筹的支持者一样，该游戏的赞助者们都非常愿意为之买单，只因为他们喜欢《星际公民》这个创意，乐意看到它出现。

　　在 2012 年的首轮众筹中，通过 Kickstarter 和 CIG 官方网址的宣传，《星际公民》筹集了 600 万美元。之后，资金仍然源源不断地打入。至 2015 年 12 月，该游戏正式上线 Alpha 2.0 版本为止，已经获得玩家超过 1 亿美元的筹款。同时，《星际公民》也被吉尼斯世界纪录评为最大的众筹计划和世界上规模最大的众筹游戏。

　　《星际公民》花了 3 年时间，只通过出品公司 Robert Space Industries 所描述的美好游戏体验，和一些供试玩和观赏的游戏半成品，就成就了众筹史上金额最高的项目，这可以说是一个奇迹。

二、《莎木 3》

　　在 2015 年 E3 的 PS 发布会上，《莎木 3》的出现无疑惊艳了众人。本作由知名制作人铃木裕监制，预定 2017 年登录 PS4 及 PC 平台。项目采用了当下流行的 Kickstarter 众筹方式筹集资金，在开始的 2 小时就冲破百万美元，最终在 10 小时内完成了 200 万美元的的众筹目标，创下了 Kickstarter 众筹历史上"最快达到百万目标"全新的吉尼斯纪录！截至 7 月 18 日众筹结束，共筹得 633 万美元。

是什么让这款电子游戏众筹项目如此成功？

首先，这款游戏有着很大的背景，《莎木 3》是阔别 12 年的莎木系列归来之作，由系列原制作人打造。这部游戏可以说是粉丝翘首以盼数年的成果，会吸引众筹是理所当然的。

其次，《莎木 3》在备受关注的 E3 大展索尼主题演讲上出场，成功地吸引了新闻媒体的注意力。而且《莎木 3》凭借发布会的余威，在第二天于众筹平台 10 小时之内就达成 200 万美元初步募资目标，更进一步加强了宣传效果。

在初期宣传大获成功之后，《莎木 3》的团队并没有就此沉寂，他们在 Twitch 上进行直播互动，积极回答网友的问题，澄清不实言论，并放出了关于莎木系列的纪念视频。这些举动都博得了投资者的信任，也进步一点燃了他们的热情。

可以说，《莎木 3》募资的大成功不仅体现了经典游戏时至今日依然散发着潜在的魅力，同时也在宣传、沟通等方面为同类企业上了一课。

三、《鲤》

2014 年年末，在游戏众筹平台摩点网上，一款由国内独立团队天津队友游戏推出的体验式解谜游戏《鲤》，正式开启了为期一个月的众筹之旅。

自项目实施伊始，《鲤》便有别于其他众筹游戏慢热的特点，在短短数小时内就达到了很高的筹资比例。而随之而来的玩家及业界的一片褒奖之声，更是令这部作品在还未正式发行前便收获到极大的关注。在短短一个月的时间内，《鲤》的众筹目标早已超预期完成。

《鲤》的剧情讲述了作为河流使者的七彩光鱼，因为人类对河塘的污染而褪变为一条橘色的小鲤鱼。它不甘就此沉沦，转而用智慧与勇气去探索并净化新世界的故事。

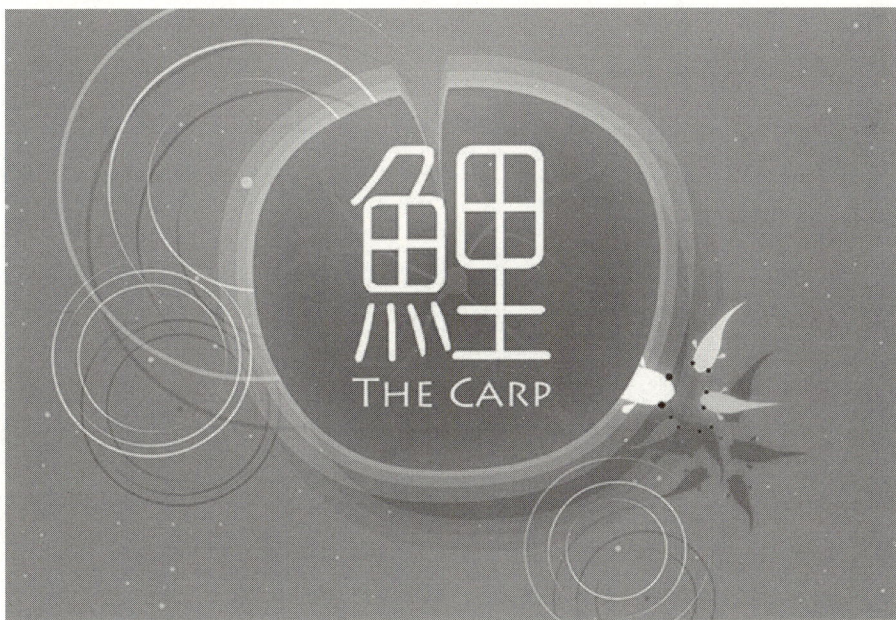

在游戏特色方面，《鲤》带给人的第一印象便是它清丽脱俗的作品氛围。游戏中，一条橘色的小鱼在水中染起点点涟漪，时而穿梭于荷页露珠间，时而悬游在轻柔雨丝下。这些带有浓郁艺术气息的唯美要素，将简单的荷塘、鱼、花勾勒得惟妙惟肖，令人一眼望去便觉得与众不同。在玩法上，玩家除了能够跟随小鲤鱼一起体验到解谜、收集、成长等丰富多彩的内容之外，还将随着净化荷塘环境这一故事主线的推进，逐步完成对自身心灵的一场净化之旅。

《鲤》的开发方天津队友游戏，虽然仅是一家小规模的独立游戏工作室，但却是由一群拥有共同理想和远大目标的成员们所组成。通过一段时期的积累与沉淀，他们推出了这部凝结团队心血与情感的代表作品。此次通过众筹的方式，他们令更多的人关注到自己的作品。然而更重要的是，通过众筹，中国的独立游戏制作人终于开始能够准确清晰地向玩家们传递出自己的情感。这个过程，就如同这部《鲤》一样，本身就是一场创意与唯美无限结合的成长之旅。

在众筹平台愈发火爆的今天，上面提到的三个游戏案例无非是众筹中的缩影，不少游戏开发者也都在选择用这种方式来为自己心爱之作谋得研发资金，不过并非每款游戏都能达成所愿，在众筹平台上失败的项目也不在少数。

对于游戏产品来说，众筹成功并不仅仅意味着达到预期金额和被宣传，成功的考量标准应当还包括游戏是否具有可玩性、是否可以被推广、是否满足玩家的预期。如果众筹只是集众人之力去帮助开发者圆梦，那游戏的意义又何在呢？

公益众筹：让普通人离公益更近

随着众筹概念的兴起，并很快从商业领域延伸到公益圈，"公益众筹"也随之出现。所谓公益众筹，是指公益组织或个人将想要完成的公益项目展示在互联网平台，通过向网民筹集资金来完成项目目标。

近几年，公益项目越来越多地通过众筹出现在公众视线中。许多知名的众筹网站除了开展股权众筹、奖励众筹等项目外，也都开始涉足爱心扶贫、环境保护等公益项目，甚至专门开设公益专栏。以众筹网站"点名时间"网为例，几位广东的大学生曾发起一个关爱湖南湘西留守儿童的公益项目，计划通过众筹的方式募集700多元，给一些孩子换上新衣裳。结果，这一项目打动了许多网友，最终获资达3600余元。据《2014中国公益众筹研究报告》显示，2014 年中国公益众筹市场规模达到 1272 万元，参与者达数十万人次。公益慈善业界普遍认为，公益众筹作为传统筹募善款的重要补充方式，不但可以让更多人了解公益、投身公益，让更多有需要的人能够获得来自全社会的爱心，还能助力一些小型公益组织和项目解决筹款困境，从而为公益慈善事业带来全新的发展模式和动力。

一、冰桶挑战——解救渐冻人

2014 年夏天，一项名为"冰桶挑战赛"的公益活动曾席卷全球，号召人们关注渐冻人群体，并为相关协会捐款，这让公益众筹开始走进公众的视野。

ALS 冰桶挑战赛的英文全称是 ALS Ice Bucket Challenge，这个活动首先在美国开始流行，它要求参与者在网络上发布自己被冰水浇遍全身的视频，然后该参与者就可以点名要求其他人来参与这一活动，活动规定被邀请的人要么在 24 小时内接受挑战，要么就选择为对抗"肌肉萎缩性侧索硬化症"捐出 100 美元。

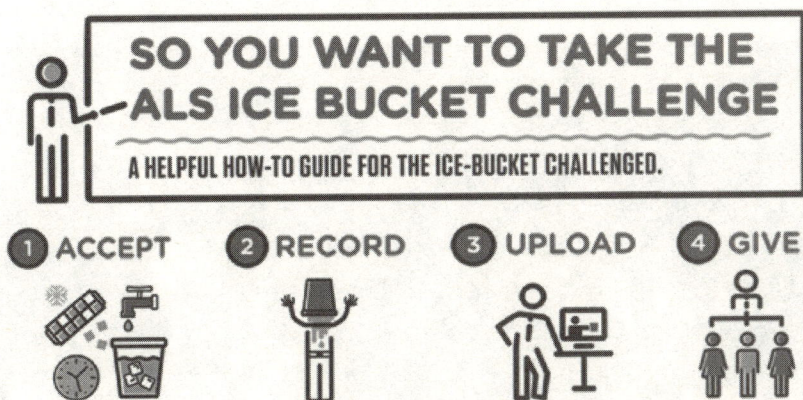

该活动旨在让更多人知道被称为"渐冻人"的罕见疾病，同时也达到募款帮助治疗的目的。

有意思的是，该活动像火炬传递一样，一个人挑战完毕要点另一个人参加。比尔·盖茨、扎克伯格、贝索斯、库克等科技大佬都受到"一桶冰水当头倒下"的洗礼。很快，"ALS 冰桶挑战"被引入中国，包括 360 董事长周鸿祎、华为荣耀业务部总裁刘江峰等 IT 大佬纷纷响应。周鸿祎完成挑战后点名真格基金的徐小平、魅族的黄章及腾讯的马化腾……

此次活动刚开始一个月，ALS 协会就已经收到 400 万美元的捐款，相比 2013 年的 112 万美元增了近 3 倍。虽然是没有接受挑战才捐款，但是很多完成挑战的人最后也捐款了。

二、中国金融博物馆《革命金融展》主题展览

筹资目标：30 万元

筹资周期：2014 年 7 月 2 日至 2014 年 7 月 31 日共 29 天

项目简介：

中国金融博物馆成立于 2010 年，是以金融教育为主题的非营利公益博物馆。馆长王巍看到了众筹的精髓所在，他把众筹形容为一次"价值发现之旅"，将会是一种"汇聚点滴，化水为海"的过程，能吸引众多社会力量的参与。

于是中国金融博物馆项目来到了中国最具影响力的众筹平台，推出了极具分量的项目——《革命金融展》公益众筹。

《革命金融展》以中国共产党的革命与金融演化历程为核心，对比英、美、法、俄等国历史，记录了中国近、现代金融体制的改革和金融观念的转变。众筹，正是能够体现那份庄严的历史厚重感，却又不失活力。

这次众筹的结果也印证王巍的预言，《革命金融展》主题展览成功众筹到 32 万元，得到了近 200 位投资人的支持，其中有从事金融行业的资深人士及对金融有深刻认识的专业人士，也有很多对众筹有着浓厚兴趣的普通网络用户。这次的项目成功地让更多的人尤其是非专业人士开始了解和参与金融历史研究，也为中国的公益事业树立了榜样。

三、"孩子与自然"自媒体

目标金额：30 万元

时间期限：2014 年 5 月 20 日至 2014 年 6 月 19 日

项目介绍：

2014 年 4 月 20 日，邓飞组建"孩子与自然"团队，希望众筹 30 万元，组建一个 5 位全职人员，100 位图片拍摄和文字编辑等志愿者的团队，运营全国首个原创亲子自媒体，让中国年轻父母关注和服务乡村孩子，并建立联系。

孩子与自然
Children & Nature

在邓飞发布创刊词后不到 24 小时，粉丝破千，分散在全国各地的媒体摄影记者、编辑等 30 余人加入了"虚拟编辑部"。

在此项目中，参筹者只要支持 1 元，即可发送乡土情怀的图片或文字至"孩子与自然"官方邮箱，还能成为其 VIP 会员。文字或图片一经采用，即有稿费，并为数万读者所阅读。采用三次（包括）以上，即颁发"孩子与自然"的摄影师或写作者聘书。

参筹 100 ~ 10000 元不等即有机会参与中国乡村儿童联合公益项目重要发布会的资格，见到重量级明星和企业家；还能与邓飞成为微信好友，获得一次中国乡村儿童联合公益项目实地探访的机会；甚至还可以与邓飞同去一次他另一个公益项目"e 农计划"的基地野荷谷休养、看书、写字、吃质朴食物、到山头上看风景。

上线 7 天，该项目便筹得了 30 万元的支持，"孩子与自然"众筹项目的耀眼成果也验证了邓飞的话："让捐助者看到他们捐助带来的快乐。"正是众筹的方式让捐助发生了变化——从捐助到投资，让支持者收获回报和快乐，从而激励更多人投身公益。

从上面 3 个案例可以看出，随着时代的变化，老式募捐方式慢慢淡出人们的视野，取而代之的是公益众筹等新颖、时尚的筹款方式，为公益组织的发展开辟了更为广阔的发展空间。社会化媒体的发展、网络门户及平台的出现，改变着我们生活方式的同时，正在逐步改变公益慈善领域的发展格局。在这样的背景下，众多公益组织也转向网络众筹平台，希望通过网络争取市场一席之地，这也为公益事业的发展带来了更为激烈的市场化竞争。

面对火热的众筹浪潮，如果想要发起一项公益众筹，如何才能让它在众筹平台上的众多项目中脱颖而出，让别人为你"埋单"呢？

1. 策划要有意思并且利于传播。因为公益众筹的周期相对传统公益来说更短一些，所以就需要在项目策划时就思考如何让公益项目在短时间内尽快传播到更广的人群当中。比如上面提到的冰桶挑战赛，就极具挑战意味，让更多的人在短时间了解到。另外，"泼冰水"恰恰满足了人们的猎奇心理。相对于电视机前光鲜亮丽的形象，人们更愿意看到这些名人丑态百出的样子。当然除此之外，门槛低参与性强也是冰桶挑战赛能够迅速走红的因素之一。

2. 发起人具有影响力。信任是公益捐助中非常重要的一个环节，参与捐助和传播的人对发起人的信任会让公益众筹的成功率大大增加。在冰桶挑战赛中，名人每次都会将挑战视频进行公布，这样在无疑中就大大增加了影响力和信任感。另外，大众出于对名人社会地位的影响力，也会愿意关注事件进展并付诸效仿。

3. 公益项目的展现要灵活。很多时候，活跃在互联网的用户，往往对于枯燥乏味的新闻报道是没有多大兴趣的，尤其是对于年轻人，他们更喜欢一些有趣的视频、精美的图片等，同时这些元素都是非常有利于互联网传播的。在公益慈善与互联网结合的当下，有时候，弱化"公益"，可能会取得意想不到的效果。

4. 设置合理的回报。有时候，一个充满创意的回报环节会让用户更加愿意参与公益众筹，这个回报不一定非要多么丰厚，可以是一些比较有趣的。例如，邓飞的"孩子与自然"众筹项目中，设置了发送图文换取稿费、成为自媒体 VIP 会员、参加邓飞公益讲座、参与公益项目实地探访、享受"e 农计划"产品 9 折包邮、成为邓飞微信好友、与邓飞共赴"e 农计划"基地等众多有意义的回报，极大地吸引了用户的参与热情。

5. 传递一个有情怀的故事。实施众筹的项目本身应该是一个具有价值的产品，并能把这种价值性传递给公众，而价值性的有效传递就需要一个有情怀的故事，通过故事的讲诉能引起某一群体对项目的共鸣和认同。例如，天涯公益发起的"免费午餐计划"，该项目的宣传语是"一人捐 5 元，就是一个山区孩子的两餐热饭"。把 5 元钱这类冰冷数据，形象地化解成两顿热饭，非常直观地传递了情感故事。

6. 发起人与用户充分交流。公益众筹对于发起人来说，是一个贴近公众的机会，有利于增强捐款者和募款者的互动，有助于公益项目与支持者形成更加紧密的关系。

餐饮众筹：是众筹还是众愁

俗话说，"众人拾柴火焰高"。众筹模式由于门槛低、成本低、风险低，被很多餐饮创业者追捧。有业内人士分析，众筹作为一种全新的创业方式，正在改变着传统的餐饮行业，成为除了直营、托管加盟后的第三种业务模式。

一、黄太吉——将煎饼卖成了风靡京城的产品

在很多人的固有思维里，煎饼是街头不起眼的小行当，在北京寸土寸金的 CBD 核心区，有一家 10 多平方米的煎饼果子店"黄太吉"，13 个座位，煎饼果子能从早卖到晚，一到饭点，来就餐的人更是排着长龙，而且还有专门打车、开车慕名而来的。吃煎饼果子成了一种时尚。

就是这样一家小小的煎饼店，却创造了微博 3 万多粉丝，在天使汇上挂牌 10 天完成 300 万元融资，被风投预估价值 4000 万元人民币的行业神话。可以说，黄太吉通过在天使汇众筹平台融资到的 300 万元，为其发展注入了第一桶金。

二、40 个人的火锅馆

2014 年 3 月，樊学锋在微博上发出邀约——众筹火锅店。火锅店投资 40 万元，每人 1 万元加入，共计 40 位股东，分享利润的同时，共同承担亏损。微博发出不久，就有 200 多人想做他的"小伙伴"。最终他确定了 40 个老板。5 月 6 日，火锅店正式开张，取名"合众"。

按照事先约定，大家出一万块，由樊学锋一个人来经营管理，其余的 39 个老板没有经营管理权。不过在运行过程中，有一些股东们却想参与经营，提出各种不同意见，以至于连火锅店服务员都不知道该听谁的，造成了管理难题。

在正式营业前，股东们选举了 7 名代表成立监事会，餐馆的经营情况，樊学锋每个月向监事会汇报一次，接受质疑、监督。但事实是，他的汇报常受到质疑，比如菜买贵了，服务员工资给得太高等，这种不被信任的感觉，令他很沮丧。

半年过去了，火锅店面临缴纳新一期租金，需继续众筹资金，此时，各种不满情绪开始爆发，股东们不再相互信任，不愉快的情绪快速蔓延，在一些股东的质疑声中，樊学锋交出账薄，股东推选出"清算小组"，众人分钱拆伙。

同样是餐饮众筹，一个成功，一个散货，从这两个事例可以看出，餐饮众筹是把双刃剑。一方面，众筹开店能为筹集资金、带动客源提供便利，同时一些众筹餐饮项目的互联网思维运作也给餐饮行业带来新的生机，这些都是可喜的。另一方面，也会带来管理权限交叉、责任分配不均、意见无法统一等问题，需要有完善的制度去规范它。餐饮众筹，看上去很美，但如果没有想好如何运营，或是没有专业的、懂餐饮的团队来运营的话，几乎难以存活。

科技众筹：实现创客的梦想

在传统时代下，科技自主创新在很大程度受制于资金，有好产品，有好创意，无奈手中资金不足，不少项目就此搁置。但随着众筹模式在科技产品领域的普及，越来越多的科技产品也试图通过众筹模式，解决科技自主创新所面临的资金困扰问题。PowerUp 3.0 纸飞机和 The Micro3D 打印机的问世就是最好的例子。

一、PowerUp 3.0 纸飞机

纸飞机在许多人的童年记忆中都有着一席之地，一架小小的纸飞机，满载着我们的期望、梦想、表白，在天空迅速地划过一道痕迹，飞向目标。现在有一款名为 PowerUp 3.0 的智能小配件，可以使我们的纸飞机变得更有乐趣。

2013 年，一位名叫夏伊·戈伊特恩（Shai Goitein）的工程师在众筹网站 Kickstarter 上发布了一个融资项目——PowerUp 3.0，这套智能动力控制系统能够让一个普通的纸飞机瞬间变身为可遥控的"滑翔机"。原定计划众筹 5 万美元，最终却以 100 万美元完美收官，成为飞行领域众筹金额最高的一个项目。

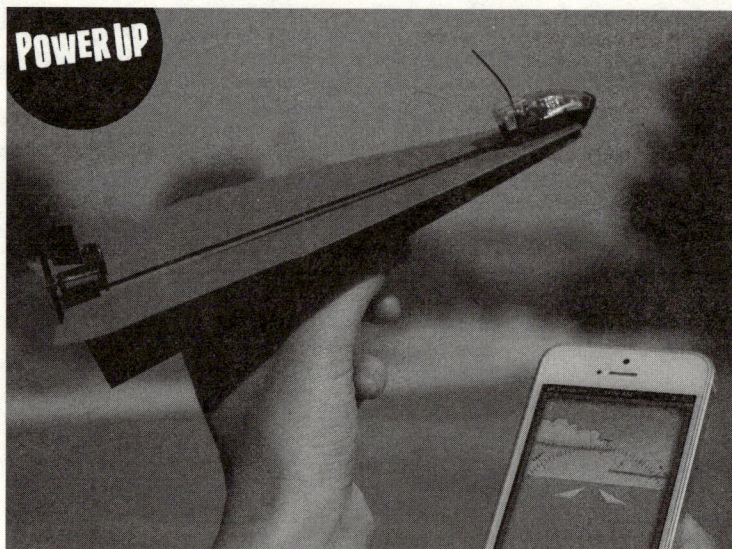

该众筹项目设置了 10 个档次的筹资回报，列举如下。

1 美元：可以得到一个飞机折纸的教程。这一档次受到了 393 位支持者的关注。

5 美元：可以得到一个定制版的纸飞机模板，带有设计者 ShaiGoitein 的签名，最终收获了 213 位支持者的关注。

30 美元：可以得到一套基本智能遥控装置（1 个螺旋桨）。有 3741 支持者。

40 美元：可以得到一整套基本的智能遥控装置，包括 1 个螺旋桨、5 张 PowerUp-certified 模板和 1 块充电电池，并提供独家 Kickstarter 版包装。

75 美元：一套完美的智能遥控装置，包括 1 个螺旋桨、5 张 PowerUp-certified 模板、可充电电池、USB 适配器和一个个性化带有设计者 Shai Goitein 签名的纸飞机。

250 美元：可以得到测试尝鲜包——加入测试项目，帮助改进我们的产品。PowerUp 3.0 生产原型将在项目结束后两周内给支持者，包括 PowerUp 3.0 完美的整套产品和指南手册。

300 美元：可以得到一个完整的飞行家装备。除了 PowerUp 3.0 整套产品之外，还有完整的指南手册及独家 PowerUp 3.0-Branded 飞行员帽子和一件飞行夹克，支持者的名字和"我支持 3.0PowerUp Kickstarter"将出现在这些衍生品中。

最终，该项目吸引了 21412 位支持者，共筹集 1232612 美元的资金。

为什么该项目会获得巨大的成功呢？

首先，该项目以"唤起童年纸飞机的梦想为主题"，成功地将人们对童年时希望让自己的纸飞机飞得更高更远的愿望唤起。而通过 PowerUp 3.0 这套智能的遥控装置可以将自制的纸飞机改造成通过手机 APP 控制的遥控飞机，从而满足了人们心里的小追求和小梦想。

其次，该项目的设计者 Shai Goitein 是一个航空和飞行器的爱好者，2008 年当他志愿给贫困社区的孩子上空气动力学课程的时候，萌生了设计一款可遥控纸飞机的想法。随后他开始了飞行器专业知识的学习。2009 年他设计出了 PowerUp 1.0，并于 2010 年创办了自己的品牌。随后他不断完善 PowerUp，2013 年开发出了 PowerUp 3.0，并获得了 2013 年纽约玩具展科普最佳奖项。这也保证了项目发起方的诚信度，为该项目的成功奠定了坚实的基础。

二、Micro 3D 打印机

3D 打印是近两年最火热的科技话题。所谓 3D 打印，即快速成型技术的一种，它是一种以数字模型文件为基础，运用粉末状金属或塑料等可粘合材料，通过逐层打印的方式来构造物体的技术。而所谓的 3D 打印机是可以"打印"出真实的 3D 物体的一种设备，比如打印一个机器人、打印玩具车、打印各种模型，甚至是食物等。之所以通俗地称其为"打印机"是参照了普通打印机的技术原理，因为分层加工的过程与喷墨打印十分相似。这项打印技术称为 3D 立体打印技术。

目前，虽然我们还不能真的如科幻电影里面一般下载一个汽车图纸就真的打印出来，但是很多领域都开始使用这个技术，因为 3D 打印实在太酷、太吸引眼球了！

3D 打印机虽然被人们关注，但由于其价格过高一般人还是消费不起。目前市面上最便宜的 3D 打印机要数 MakerBot 公司出品的 Replicator Mini，其订购售价约为 1300 美元。不过对于一款消费电子设备来说，1300 美元的价格仍然偏高，成为阻隔大众使用这一技术的主要因素。

2014 年 4 月 7 日，3D 打印技术公司 M3D，在众筹平台 KickStarter 上发布了其最新款 3D 打印机 Micro。用户以 199 美元的最低众筹价即可获得。作为回馈，199 美元认捐者将得到一台 Micro 3D 打印机，获得"早期使用者"徽章，一卷打印原材料，但不包含运费。

目前，这款打印机筹资已经完成，但其众筹速度可谓惊人。在项目发布的 11 分钟内，就已经达到了其筹资目标 5 万美元。而在短短的几个小时内，筹资额已达到 77 万美元。2014 年 4 月 10 日，Micro 3D 打印机筹资已经达到 200 万美元。而 M3D 团队最初的众筹目标资金仅仅是 5 万美元。从这也能看出，大家对 3D 打印机的追捧及家庭 3D 打印机的市场之广阔。

那么，Micro 3D 打印机有什么特殊之处吗？为什么在如此短的时间内就众筹成功了呢？

1．价格优势

首先，Micro 3D 打印机的众筹目标较低，只有 5 万美元，比较容易实现，而事实上也证明确实如此。仅在项目发布的 11 分钟内就已完成了筹资目标。其次，Micro 3D 打印机本身的价格低廉。M3D 团队承诺支持者如果下手早的话，可以以 199 美元的价格获得一台 Micro 3D 打印机，虽然它的市场价为 299 美元，就算这个价格也远远低于同类产品。

2．产品优势

Micro 3D 的打印分辨率在 50 微米至 350 微米之间，非常轻巧，重量大约为 1 千克，可适用于 Windows、Mac 或 Linux 系统，兼容 USB 连接口，可移动的打印底座，支持不同类型的打印材料。对于高端用户来说，Micro 3D 打印机支持和使用开源软件；对于普通用户来说，使用方便，即插即用，无需 3D 打印经验。

高性能是 Micro 最大的亮点，这也是 M3D 团队创造 Micro 的原因所在。希望为人们提供一款方便易用，又可负担的 3D 打印机，既适合初学者，也适合行家。你只要插上打印机，下载或创建模型，点击打印，最后等成品打印出来即可。

从上面的两个实例可以看出，众筹模式极为适合科技创新创业。众筹实际上已经形成了市场化筛选机制，一个科技型小微企业或一个科技成果如果可以众筹获得起步资金，等于获得了一定程度的市场认可。众筹手段对科技领域创新起到激活作用，除了能给创业团队提供资金支持，众筹平台还可以帮助厂商把握市场需求、开展网络营销。同时，众筹平台往往是培养粉丝、打造品牌的智造机构，借助众筹力量可以深入玩转营销。而更重要的是，众筹为科技创客们打开通途，这正是创客们创造商业机会的意义所在。不同创客出现，意味着将有越来越多经验与实践可以互相借鉴，每个创客都是所有创客的学习对象，创客们之间产生信息传播与创业分享，让创客群体们参与其中，知识扩散、创新共享借助互联网快速推广，为创客们开启不可限量的广阔未来。

出版众筹：创新出版的新模式

在传统出版的产业链中，出版社处于强势地位，前端对应作者，后端对应印刷、发行和读者各环节。对作者而言，出版社是唯一的垄断性出版单位，而对印刷厂而言，出版社的订单决定了其生存。左手握着内容版权，右手握着印刷订单，出版社处于主动又核心的位置。但随着众筹模式的出现，这种"垄断独裁"似乎要被打破了。越来越多的独立出版商和自出版作者将众筹作为重要的融资营销工具，并取得了成功。

2014年，一本名为《社交红利》的书在微信朋友圈中异常火爆，之所以引起广泛关注，是因为《社交红利》在首次印刷之前通过众筹的方式预售了3300本。也就是说，只花了两周的时间，出版方就募集到了10万元书款，在未出版前就已经保本。之后一个月《社交红利》加印3次，在没有传统营销渠道的辅助下，取得了一个月售出5万本的成绩。这样的成绩，让众筹这个在互联网金融领域火热的名词迅速成为了传统出版业的热门话题。

2013年5月，李开复向磨铁黑天鹅图书部门推荐了一部书稿——腾讯内部员工撰写的《社交红利》。在这部书稿中，对当下微信、微博火爆的原因做了详细的分析。拿到这本书后，黑天鹅图书就意识到了书稿的价值。

但一本讲述互联网商业的书，怎么利用好书中所讲述的那些概念和工具？这成为作者徐志斌和出版方磨铁一直纠结的问题。后来，徐志斌决定不采取传统的发行方式，而是选择了以众筹的模式来尝试出版和发行《社交红利》。结果出现了前文所述的情况，首次印刷之前就通过众筹的方式预售了3300本。

《社交红利》正式开始销售后，不到10天，首批3万2千册售罄，磨铁开印第二批1万册。随后磨铁再度加印两次，销量超过5万册。《社交红利》的成功，验证了众筹模式在出版领域的可行性。

事实上，《社交红利》本来只是作者徐志斌写给腾讯微博开放平台开发者的内部白皮书，但最终他将这本书的写作和出版，变成了一次由众多互联网业内人士参与的社交实验。在这次实验中，他不仅完成了一次互联网式的商业探索，更印证了"社交红利"正在成为社交网站时代，企业营销的新玩法。这个案例让"众筹"成为了出版界的热门词汇，我们可以将图书众筹模式定位为一个全新的商业模式。

近一年来，众筹出版风潮愈演愈烈。无论是主持人乐嘉的《本色》，还是软交所副总裁罗明雄等人所著的《互联网金融》，亦或是近日林志颖新书《我对时间有耐心》在诸多众筹项目中，人们能觅到各种作者的身影。

众筹出版可以说是现代出版产业在向社交化信息社会转型中最富创新性和最有价值的探索性尝试，从根本上改变了传统出版产业的生产和消费模式，为其未来战略转型和深入发展提供了可行的方向和思路。

不仅出书的钱可以众筹，连内容都能众筹，由读者来决定书的走向。从这个角度来看，众筹将"出版社出什么，读者买什么"改变为"读者需要什么，出版社出什么"。《创业时，我们在知乎聊什么？》一书的出版就是个很好的事例。

2013 年 12 月，国内知名社区网站知乎联合中信出版社出版发起了《创业时，我们在知乎聊什么？》的出版众筹计划，募 1000 位联合出版人，每位联合出版人提供 99 元众筹款，合计众筹 9.9 万元，由美团平台支持众筹。

此次众筹出版的《创业时，我们在知乎聊什么？》将知乎运营 3 年以来有关于创业的问题和回答进行整理，并在与问题和答者取得授权的情况下集结成册。

在这次出版众筹的过程中，知乎作为内容方，中信出版社作为出版方，美团网则作为众筹支持平台。这是知乎首次发起和联合出版社进行实体图书出版方面的尝试，也是国内互联网乃至国内出版行业罕见的众筹的方式进行出版。

事实上，创业指导类图书并不好卖。然而，《创业时，我们在知乎聊什么？》在亚马逊一发布预售，就登上了预售榜第一。究其原因，图书的内容来自知乎上关于创业的精华问答，这保证了创业指导的实用性。

早在 2012 年，知乎就开始图书项目的筹划，但考虑到出版的复杂性一直没有真正落地，直到 2013 年，知乎的 CEO 周源决定用互联网的方式做一本书。他根据过去 5 年的创业经历，拟定了书的框架。之后，由知乎编委成员在知乎网上寻找合适的内容，经过大致三轮的调整，话题从最初的 500 多个，通过知乎网友点赞或反对的方式甄选出 103 个创业话题。

从 2013 年 6 月开始，知乎向入选的作者发送内容授权出版的协议。93 位作者中，有 91 位不要稿酬，知乎以额外赠送邮寄典藏图书的方式感谢他们。另外两位作者，约能拿到每千字 300 元的稿酬，一次性结清。这也意味着，知乎在作者稿酬成本上不用付出太多。

对于出版方中信出版社来说，网上遴选帮他们简化了传统出版中选题论证及约稿过程。因为有了知乎上 500 万粉丝的参与，前期的市场调研、作者约稿等过程，在知乎上都已基本解决。出版社拿到手的内容已基本成型，继而进入传统的出版流程。留给出版社的就剩下后期编辑、印刷和发行等工作。

从发起众筹到正式出版，这本以互联网创业为主题的《创业时，我们在知乎聊什么？》本身也是一次有趣的互联网出版实验。知乎希望让大众能够更多地认可众筹这一模式的潜在力量，这种模式与知乎所倡导的知识分享精神都是一种开放的互联网精神。

从知乎出书的众筹模式来看，图书的内容和作者都有了新的来源，促进了内容生产的形式创新。这让一些因为成本问题而被埋没的好作品得以更多地面世，打破了读者和作者之间的障碍。

从上面的案例可以看出，先有需求再有供给、无限创意的项目内容，种种众筹元素正悄然颠覆传统出版规则，给出版行业注入了一泉清水，照射进新的曙光。然而在众多书籍中，并非所有类型的书籍都适合众筹，只有合适的书用搭配合适的方式推广才能获得"青睐"。调查研究表明，有四类书较容易"俘获"众筹者的心。第一，以娱乐、体育明星及"大 V"为代表的具有"粉丝属性"的书籍；第二，以限量版、典藏版为代表的刚需类书籍；第三，书籍的作者有其他增值服务或产品，如线下课程或咨询等；第四，有创意的项目。

众筹之所以普及，与互联网技术的发展和出版模式的转型密切相关，这得益于微博、微信的流行，以及众筹网站这一平台的出现。对于出版业来说，众筹是传统出版和数字化出版之间实现连接的形式。不可否认的是，众筹开启了出版维护和拓宽产品价值链的另一种路径。

梦想众筹：单向街寻找 1000 名主人

在每一个安静的午后，沏上一杯咖啡，在落地窗前，捧一本书，安静地读，亦或是仅仅从每一个书架走过，闻着每一本书不一样的味道……几乎每一个爱书的人的心里都有一个开书店的梦想，许知远也是其中之一，他一直都梦想自己有一家干净明亮的书店。

2006 年，许知远筹资在圆明园创办了"单向街图书馆"。三年之后，靠着丰富精彩的文化沙龙，单向街被人们所知。最开始他们举办的沙龙活动，尽管偏僻，但每场沙龙都有几十上百人参加。从 2006 年成立到现在，单向街的文化沙龙举办超过 700 场，共计超过 12 万人次在此聚集和听讲。

然而，梦想很丰满，现实很骨感。单向街并不是以赢利为目的的，多年来不断地面临现实考验。2009 年，因为营收无法应付房租，单向街遇到了第一个大坎儿：要么搬家，要么停业。

为了延续梦想，单向街于 2009 年 10 月搬迁至朝阳区蓝色港湾。虽然是书店的"乔迁之喜"，但因为搬迁和装修资金不足，2012 年 6 月 20 日，这家人文气息浓厚的书店，在众筹平台"点名时间"上发起众筹项目——"北京单向街书店，寻找 1000 名主人"的活动。

（1）单向街需要大家一起参与进来，给新的单向街提供建议。我们希望，每一个来到单向街的人，都能够找到一个自己喜欢的角落，可以在这里舒适地度过一整天。因此，请大家在支持后的留言栏里告诉我们：你眼中的单向街应该是什么样子的？我们会选择有创意的点子把它变成现实，另外，欢迎精通室内设计、平面设计、手工艺的同学一起来为单向街出谋划策，把单向街装修得更加温馨舒适，把给大家的回报做得更加精致。

（2）单向街还需要一笔资金用于支付单向街的租金和装修的费用，希望大家能够支持。

（3）不论你以什么形式支持单向街，你都将成为新的单向街的主人，获得一份印有你身份的名片，作为新主人的标识。

所有爱书的人，一起来成为单向街这个书店梦想的主人吧！

单向街书店"寻找 1000 名主人"的众筹项目一上线，就引来了人们极大的关注度。人们对单向街的支持热忱度，也让许多人大呼吃惊：活动上线两个小时之后，即已募集资金超过 2 万元；不到 24 小时，已达到 11 万多元，超出目标金额 10%。最终，在两周时间里，1073 位支持者为单向街筹集了 23.5 万元。在过去一年"点名时间"以支持梦想名义发起的所有点名募捐中，从未有哪个活动如单向街这次如此迅速地获得如此多的支持。

单向街，因一个开书店的梦想而生。但她却不仅仅是一个书店的名字，更是一个梦想的代名词，一个交流与分享的公共空间。

艺术众筹：让艺术更贴近大众

在众筹圈，流传着这样一句话："众筹，天生为艺术而生。"众筹不是简单的筹钱，而是想象力的衍生，是艺术的一种传播途径，是艺术家自我展示的一次机会，也是具有颠覆性的艺术实验。

艺术家成长的道路艰辛苦涩，面临着内部和外部的压力，如果没有用户的支持，很多艺术家就会半途而废。有的人可能会屈于某种压力，放弃了自己的个性，丧失了艺术家的独立性，成为模子化的庸才。而借助于众筹平台，艺术家完全可以向社会展示其艺术作品，无论是雕塑也好、油画也好、工艺品也好。独立的艺术家可以通过众筹平台募集资金来办展览或生产，借助于众筹平台，艺术家不但可以来展示自己的才华，得到用户的认可，还可以通过平台听取广大用户的建议，对自己的艺术作品进行再次创作，寻找新的灵感，升华自己的作品。而众筹平台带给艺术家的不仅仅是资金的支持，同时带给艺术家的是更多用户的支持和鼓励。用户则完全可以通过众筹平台来帮助艺术家成长，成为艺术家的大众经济人，同时获得资本收益。

一、镂骷髅头

Harker，是一个芝加哥装饰性雕刻艺术家，主要进行骷髅头镂雕。虽然他一直兢兢业业，但是在芝加哥知名度并不高，如何提高自己的知名度，让更多人看到自己的艺术作品呢？有一天他想出了一个绝妙的好办法，他在 Kickstarter 众筹网站发起一个众筹项目，筹资目标非常低，只有区区 500 美元。

同时，他设置了详细的回报方式。比如 1 美元是"谢谢你，你的名字将出现在艺术家的主页上"；50 美元会得到一个小的雕刻；100 美元可以得到一个中等的骷髅头骨；250 美元可以得到一个的头盖骨骷髅。此外有 500 美元、1000 美元、2000 美元的回报方式。

最后这个众筹项目取得了空前的成功，共有 955 人成为这个项目的支持者，Harker 成功融资 77271 美元。

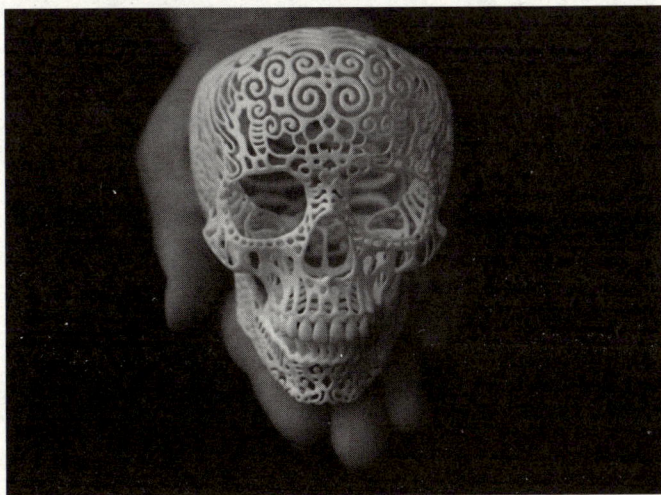

Harker 这个众筹案例被美国业界称为"超募的经典案例"，因为他成功靠的是"创意＋技术＋众筹"的互联网金融的融资模式。

二、出售我的 100 小时

2014 年 3 月 20 日，知名女性当代艺术家何成瑶在众筹网上启动了行为艺术项目"出售我的 100 小时"。"以网络的方式出售我生命里的 50 个小时，众筹上限为 100 个小时，和大家一起完成一批观念作品。"这是何成瑶对这次艺术众筹计划的构想。这项计划看似是一次网络预售行为，实则更是一次新的艺术创作方式的探索和创举，可以说是何成瑶艺术行为史的一次创新。

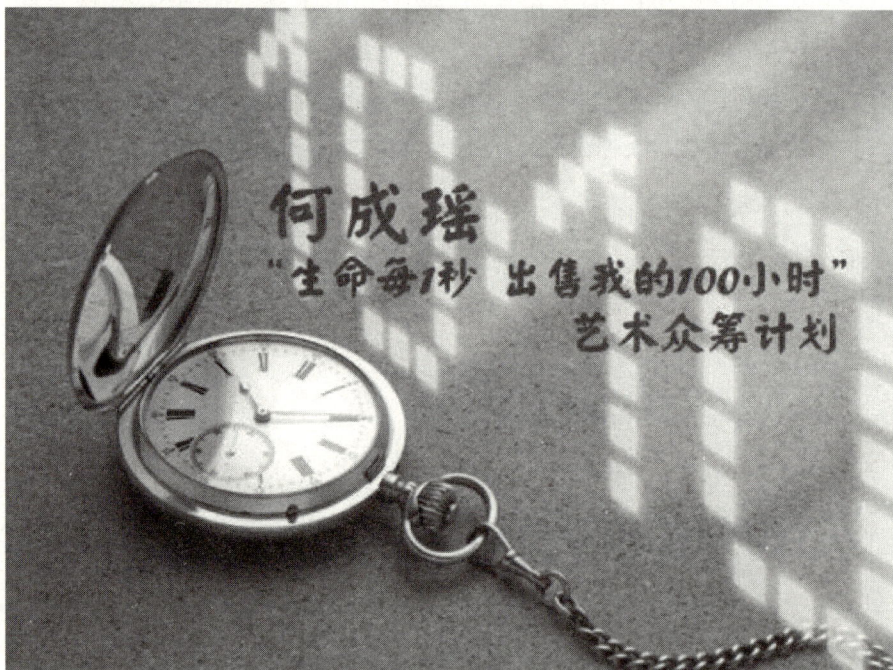

项目规定：当网友众筹总额达到 50 个小时以上，何成瑶将在网友指定购买的时间段内，每秒钟记录下一个点，并以这些点画出一幅"时光秒轮图"样式的观念作品，作为给予网友购买她时间的回报。何成瑶的每个小时售价为 2000 元，且最多销售 100 个小时。

该项目启动当天，8 个小时内便成功众筹 12 万余元，远超 50 个小时 10 万元的最低额度。2014 年 3 月 22 日，不到 3 天时间，何成瑶成功"卖出"100 小时，筹到 20 万元，圆满完成众筹阶段目标，创下国内艺术类项目的众筹速度。该项目打破了以往"艺术家创作藏家购买"的传统模式，藏家提前介入了艺术家的艺术创作中。

此次众筹让我们看到了众筹模式无限的张力。互联网时代，如何让艺术更好地走近藏家、走近受众，何成瑶的事例给了我们很好的启发，艺术众筹或许就是一种极其有效的模式。未来，艺术众筹将改变艺术家的创业形态，艺术众筹平台也将成为新一代的"造梦工场"。

音乐众筹：将音乐人的梦想照进现实

作为一个拥有大众基础的领域，音乐众筹毫无疑问地获得了很多音乐迷的欢迎，通过众筹来进行音乐创作的例子也不胜枚举。

2011 年 2 月 15 日，民谣歌手李志在"点名时间"网站上发起了一个众筹项目，开始为他 2011 年跨年演唱会 DVD 筹集制作资金。项目规定，一个月内筹集 8 万元，如果成功，这张 DVD 就马上投入制作。当时发起项目时正处春节期间，李志原以为流量将会一片惨淡。结果却出人意料，当项目期限终止时，筹集的资金竟多达 19 万元，参与的人数过千，远远超出了预期。李志也由此成为了中国最早利用众筹方式完成音乐产品的独立音乐人。

2013 年末，李志与其团队又在音乐众筹平台"乐童音乐"发起了一个新项目——"2014 李志数字版现场专辑《勾三搭四》募集"。

项目规定，2500 个粉丝，每人支持 20 元，募集 5 万元来制作数字现场专辑《勾三搭四》。

项目成功后专辑在合作平台上开放给所有人，而出钱的支持者不会收到实体形式回报。如果项目没有达成目标，则将退款给已经支持过的支持者。而项目一经上线，"众筹无实体回报是否合理"的质疑和讨论便在行业内蔓延开来。但最终历经一个半月，该项目于 2014 年 2 月 22 日完成目标，得到 2661 人支持，以 50450 元的额度超额完成任务。

¥50450 计划筹资 ¥50000

101%

👍 支持次数 **2661** 🕙 剩余天数 **0**

项目已成功

李志的两次众筹只是各大众筹平台上成百上千个音乐项目的一个缩影，却让人看到了众筹带给流行音乐产业的小变革。

其实，除了歌手为制作新专辑而发起的众筹，在网络上还有演出类的众筹项目，即通过众筹方式来预售门票。

2013 年 10 月 8 日，"NA world 那母界"那英全球巡演主题发布会在上海举行。此次"亚洲天后"那英的全球巡演城市除了第一站和第二站分别确定为南京和广州外，其余包括深圳、杭州、青岛、北京等城市的先后顺序，均由粉丝的支持力度决定。粉丝登录众筹网，为目标城市众筹演唱门票，哪个地方众筹的额度高，那英全球巡演的下一站就将首先落地哪里。

利用众筹模式众筹演唱票，这在国内尚属首例。准确地说，这是一种营销宣传而非筹措资金。以那英的知名度和粉丝数量，不需要众筹也可以开演唱会。但是通过众筹模式让歌迷决定演唱会的下一站，不仅能让那英全球巡回演唱会的主办方准确地把握市场风向标，清晰地看出地区市场的热度，还可以通过这个权威平台进一步发酵本次活动的影响力。

事实上，音乐众筹不仅仅是一种"你出唱片或开演唱会、歌迷买单"的简单行为，音乐众筹还涵盖很多方面。

2013 年 12 月 25 日，"音乐天堂全媒体"发布了"音乐天堂 Solo（独奏）蓝牙音箱"，并通过乐童音乐提供的众筹平台接受预订获得启动资金。

众人拾柴火焰高，项目上线仅 13 个小时即完成原定 38888 元的目标，历经 2 个月，共有 315 名支持者，"音乐天堂 Solo 蓝牙音箱"在乐童音乐平台上筹得 165062 元，以 425％的高比例超募成功。

通过众筹预售的形式，"音乐天堂全媒体"不但筹集到了开发生产音箱所需要的资金，还将大批想帮助《音乐天堂》完成项目目标的老读

者会聚在一起，为同一个梦想共同努力。音乐众筹，将热爱音乐的陌生群体会聚在一起，怀着对音乐的热情，完成一个个正在起步的音乐梦想。无论是项目发起人，还是项目支持者，大家齐心协力共同将一个梦想变为现实，这种共同创造的参与感是难以言喻的。

由于对目前市场上提供的数字音乐音质低下感到不满，老牌摇滚艺人尼尔·杨（Neil Young）在众筹平台 Kickstarter 上发起了众筹活动——Pono 播放器。

发起人发起这个项目的初衷是想要制作颠覆 MP3 的音乐播放器，把真正高品质的音乐呈献给听众，让听众和音乐之间能够零距离，同时他还想要打造一个属于 Pono 播放器的高品质音乐库来满足人们对高品质音乐的需求。这个项目让每一个出钱的人都感觉自己能改变人们对音乐的看法，改变音乐在人们生活中的地位，让项目支持者觉得自己的举动是非常有意义的。

项目发起人用了 35 天赢得了 16253 名支持者，原目标金额是 800000 美元，实际金额达到了 5514779 美元，远远超过了预期。后来，唱片业三大巨头——华纳、环球、索尼已经同意把旗下所有艺人的原始母带提供给尼尔·杨的 Pono 项目。

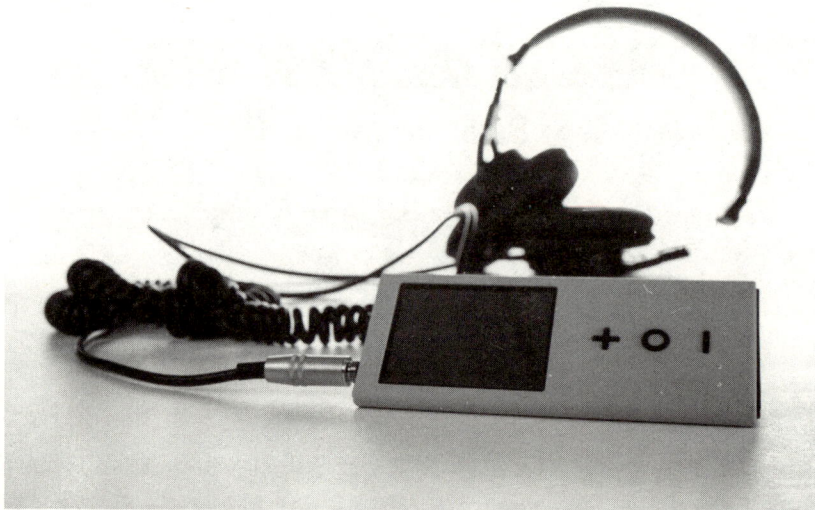

项目发起人充分调动了听众的参与感和意义感。为了能在此次的众筹活动中取得成功，尼尔·杨一早就召集了众多名人好友加盟助阵，包括了摇滚新乐团 Beck、著名女爵士歌手诺拉·琼斯、著名音乐人里克·鲁宾、杰克·怀特和加拿大著名摇滚乐队"拱廊之火"等，都纷纷为其拍摄宣传视频和为 Pono 播放器的高清音质做出保证。在项目进行期间，项目发起人时常更新项目主页，做到和粉丝之间的互动；在营销方面，发起人还联手大牌艺人金属乐队、艾尔顿·约翰（Elton John）、汤姆·佩蒂（Tom Petty）、佩蒂·史密斯（Patti Smith）、赫比·汉考克（Herbie Hancock）等出 Pono 的签名版播放器。这些举动都无疑助力 Pono 获得了成功。

目前，音乐众筹已经运用在音乐的各个方面，包括学习、录音和巡演，从音乐人到音乐商业，它发展到了最广阔的层面。但是，很多音乐人都缺乏商业运作的思想，也缺少相关资源。音乐众筹要做的就是背后的营销、策划和资源整合，借助互联网思维去改造音乐产业。

新闻众筹：实践你的新闻理想

网络媒体的深入发展给新闻业的发展造成巨大的冲击，在这种环境下，新闻业也迎来了新的运营模式，众筹新闻就是最具创新性的代表。

众筹新闻，亦称新闻众筹，是指社会化网络时代出现的一种新的新闻策划、报道与消费形式，它由记者或新闻机构策划并公布某一新闻报道（主要是调查报道）计划，向有兴趣的公众筹集款项，当获得足够的资金支持后，再展开具体的报道。同时，在报道过程中向资助者提供更多的参与和互动机会，并给予相应的回报。众筹新闻重新定义了记者和公众的角色及其相互关系，开创了一种新的新闻生产与消费模式。目前，众筹新闻的探索、实践正在全球范围内展开。

2008 年，最早的新闻众筹网站"Spot.us"上线。自成立以来，网站的发展颇为迅速，到 2012 年 9 月，该平台获得的捐助金额已经达到 16750 美元。目前，众筹新闻模式已经扩展到法国、意大利、澳大利亚、加拿大、巴西、荷兰等许多国家。2013 年 11 月 28 日，"众筹网"正式发布"新闻众筹"平台，为各类媒体的娱乐、时尚、汽车、体育、房产、

互联网等内容题材提供公众预筹资服务，成为国内第一家试水新闻众筹的网站。在短短的十余天内，已上线的"新闻众筹"项目整体筹资额度已经超过 46000 元。其中"中国比特币市场调查"和"成都创业者生存调查"等 12 个项目已经全部完成预定的筹资目标。这一事件使得"众筹新闻"开始进入人们的视野。

众筹新闻模式是目前新闻业的一个创新，它为资金短缺的新闻业开辟了一个新的资金来源渠道，不仅仅改变了新闻的命运，同时也改变了很多投身于新闻行业的工作者。2013 年 7 月 2 日，媒体人刘建锋开设了一家淘宝店铺，在博客和微博发起"独立记录者诚征后援"活动。他曾先后在《中国经济时报》《中国改革》和《经济观察报》等媒体任职，承诺对一些重大社会议题进行独立报道。半年不到，刘建峰就以 100 元的单价筹得近 20 万元资金。其实在这之前，国内已有人在互联网上以筹资的形式完成新闻选题，较早尝试的是南京大学学生陈思乐，他通过微博成功众筹到几千元到台湾成功报道了台湾的"大选"。

众筹新闻作为一种新闻业的理论创新，对新闻的实践有深远的启发作用，因为它通过"无组织的组织力量"来探索新的新闻生产方式和内容。从新闻众筹项目的发起主体来看，绝大部分是个人，如专业记者或自由撰稿人，但专业新闻机构也开始尝试涉足其中，如美国国家公共广播电台（NPR）有关 T 恤的报道（Planet Money T-shirt），就是通过在 Kickstarter 网站发布其报道计划而众筹成功的新闻事例。当时，NPR 派出记者追踪调查一件 T 恤从其最初的原料——棉花到最后的成品销售的全球之旅。公众只要资助 25 美元，就可以得到一件报道中的 T 恤作为回馈。该项目计划筹集为 5 万美元。新闻项目发布仅两周时间，就吸引了 2 万多名资助者，共筹集到 59 万美元，可以说是 2013 年 Kichstarter 上最耀眼的众筹新闻项目。众筹新闻利用集体的智慧和资金做新闻，解决了新闻制作过程中资金不足的问题。同时，受众通过提供资金的方式也参与了报道。如果记者提交的报道计划能够从受众那一成功地获得资金资助，说明他们的报道计划受到社区成员的重视，他们会更加负责地开展工作。而从资助者本身来讲，他们出资的最大动因是为了公共利益，正如美国作家克莱·舍基（Clay Shirky）所说，为新闻记者提供报道资金，其实就是"我们"在为"我们"创造机会。

众筹新闻模式的出现迎合了当代市场化背景下消费者对新闻产品高度分众化的取向，依托社交网络新媒体的优势，这种新闻运营模式正在悄然影响着传统的媒介环境。但就目前我国现状而言，众筹新闻的运作仍然面临着一些亟待解决的问题。

从实践中看，众筹新闻最大的问题在于可能沦为商业新闻，变成迎合资助者的新闻生产方式，而背离了客观、公正等做新闻的基本要求。同时，"新闻众筹"中自媒体人的加入，降低了新闻门槛，可能会降低新闻质量。此外，"新闻众筹"还存在着运作模式和合法性边界尚不清晰、现有政策环境影响、公众新闻消费习惯尚待改变等问题。

众筹新闻作为新闻社会化募资的一种新形式，它的的确确带来了很多新鲜改变，但从现阶段来看，新闻众筹限于诸多方面的不足，还处在发展的初级阶段，是否能在现实层面长久实现，还需要假以时日。

微商众筹：只为遇见"波姬小丝"

2014 年是微商的起始年，也是波姬小丝快速发展的一年。当时，波姬小丝创始人黄珊珊还在从事化妆品电商行业，主要给建设银行的善融商城平台的积分兑换供货及销售。而波姬小丝现任董事长姚光敏与执行董事孙语泽一起在运营一家微营销的公司，公司的名称叫做"微商机"，主要业务是帮助企业和品牌做公众平台开发、微商城、移动端解决方案等。

2014 年，微商很火，朋友圈里面卖产品的越来越多，其中以卖面膜的居多。这个时候，微商机也遇到了微营销快速发展的潮流冲击，虽然越来越多企业、老板关注微营销认同微营销，但是更多的公司挤进这个市场，微商机一直是以思维及技术的领先才在市场上始终走在行业前头，所以姚光敏就在研究用积累的资源、技术、团队自己推出一款产品。与此同时，黄珊珊用了近一年的时间成功买下法国科研所的 8 款配方，打算利用她自己的渠道资源自己创立品牌。在一次聚会时，几个人才惊讶地发现她们居然有一个共同的目标。黄珊珊对化妆品产品、行业都非常熟悉，而姚光敏的公司对微信营销非常擅长，所以一拍即合，经过近一

个月的筹划于 2014 年 7 月波姬小丝生物科技正式成立，并将渠道定位确暂定在"微商"，推出了首款产品——"修护原液"。

随后在短短不到一年的时间里，波姬小丝的代理商人数就达到了上万名，营业额超过 5000 万元。就在此时，波姬小丝在朋友圈里发起了众筹。众筹门槛设定很低，2000 元人民币一股，并限定最高单人只能购买 30 股，最高不超过 6 万元，目的是通过这样的门槛让更多人参与进来。

很多代理商在看到信息后都主动询问详情，波姬小丝就组织了一堂 500 人次的微信产品说明会。会上大概讲解了波姬小丝品牌目前的情况、众筹产品的情况和后期分红的一些情况，而众筹则定在三天后的上午 10 点开始。参加会议的这些人 90% 都是波姬小丝的代理商，而且这些人都是通过卖波姬小丝的产品而赚到了钱，所以他们很愿意相信波姬小丝的品牌。剩下 10% 是一些一直关注波姬小丝的人，他们对波姬小丝充满了信心，所以很愿意和波姬小丝一起成长。

三天后，众筹正式开始。10 点钟刚过，此次众筹的支持者就通过微信转账、支付宝转账、银行转账、现金等形式将钱打入了波姬小丝的账户。当天筹集资金 253 万元，波姬小丝完成了的微商众筹的第一步。

波姬小丝为什么会去众筹？是因为缺资金吗？其实不然，波姬小丝的众筹更多是在筹"关系"！微商的忠诚度很低，因为背叛的成本很低，代理商与品牌方之间如果只是存在售前发货的关系，那么一旦更好的产品更好的政策出来都是影响到代理商的抉择。那么如何才能让她们与品牌更加紧密，最好的方法把她们变成利益的共同体，如果她们都成为了你的股东，每卖一盒的产品都和她发生关系，这个时候她基本上不会离开你的团队，就算是因为其他原因不做微商了，但是她还是会义无反顾的为波姬小丝做广告，只因为她是股东。

通过众筹，波姬小丝很好地解决了品牌与代理商的几个问题：一、让朋友圈卖货的微商也能成为品牌方的股东，她可以很自豪地对外人讲"我是波姬小丝的股东"，可以从心理上有参与感和成就感。参与感是什么？台上演戏台下看戏，那就叫看客。如果你也可以上台演一个角色那就叫做参与，所以，很多人愿意加入波姬小丝。二、成为波姬小丝的股东不单单只是名义，还可以有真正意义上的分红。波姬小丝设定了产品的利润空间, 按月度的销量进行分红。每个月都可以有一些额外的收入, 这样代理商们心里踏实, 并且会持续地支持波姬小丝。三、品牌方通过了这样的众筹让部分人成为了波姬小丝单品股东, 发生了这样的关系后, 品牌方就有了更加忠诚的拥护者, 代理商因为成为了股东也会更加积极地销售, 从而能带动很大一部分人的积极性。

体育众筹: 拯救埃瓦尔俱乐部

2014 年, 有一则中国球迷通过股权众筹拯救了西班牙足球俱乐部埃瓦尔的新闻, 在网上引起轰动。

事情的发生是这样的: 埃瓦尔是西班牙北部地区的一个小镇, 人口仅有 27000 余人。但镇上却拥有一支仅仅 2 年就从西乙 B、西乙再到西甲实现二级跳的"乡村俱乐部"——埃瓦尔足球俱乐部。

不过, 2014 年 2 月, 埃瓦尔被告知他们的注册资本必须在半年内提高至 210 万欧元, 否则俱乐部将遭到降级的处罚。埃瓦尔是家小俱乐部, 本身只有几十万欧元资金, 要完成注册资本要求, 还需要筹集约 172.4 万欧元。如果对巴萨球星梅西来说, 这笔钱不过是一个月的工资而已, 但对于刚升入西甲联赛的埃瓦尔俱乐部来说, 则无疑是个天文数字。

于是, 埃瓦尔俱乐部开始动员更多的人加入募捐。他们向当地的公司求助, 通过 Facebook、Twitter 及报纸等方式宣传"保卫埃瓦尔"活动, 在特别活动中依靠前队员阿隆索、席尔瓦等人的知名度来增加影响力。但是, 效果并不尽如人意, 一直到 5 月初, 距离最后时限还剩下 3 个月的时候, 埃瓦尔俱乐部也仅仅只募集到了 15.3 万欧元。

在这个生死存亡的危机关头, 他们只能抱着试一试的心态把希望寄托到了互联网"众筹"上, 5 月 7 日, 埃瓦尔的官方众筹网站正式上线, 球队向巴斯克大区及西班牙以外的支持者出售球队股权, 每股定价从最低的 50 欧元到最高的 10000 欧元不等, 并召集球迷通过拯救埃瓦尔的网页购买股份拯救这支西甲升班马, 由此拉开了球迷众筹当股东的热潮。

随着 ESPN、CNN、BBC 及《纽约时报》等媒体的报道, 越来越多西班牙以外的球迷关注到了埃瓦尔这家小俱乐部的故事, 各国球迷也纷纷捐款试图帮助这支球队渡过难关。

从 5 月开始发起众筹的一个月里，通过众筹为主的方式，埃瓦尔俱乐部募集到了 804600 欧元，6 月，他们获得了 526600 欧元的捐助，到 7 月 22 日，埃瓦尔成功募集到了 198 万欧元，获得新赛季征战西班牙足球顶级联赛的资格。

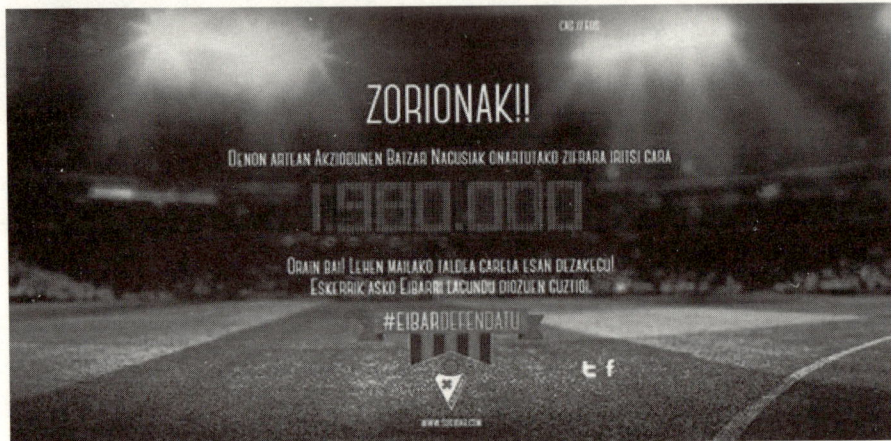

这笔钱来自包括西班牙本土、美国（大约有 400 人）、中国（384 人）、英国及德国等的共 10000 多名股东。其中，捐出 50 欧元（5512 人）和 100 欧元（2191 人）的人数占据了股东的大多数。

对于埃瓦尔的小股东来说，只需要最低支付 50 欧元即可成为俱乐部的股东并获得相应的股权证书。股东的权利包括参加俱乐部的股东大会、免费参观球场、在官方商店购物享受优惠等，同时还能免费观看比赛。"足球就像一个产品，一个全球都在消费的产品，只有接触到更多的球迷，才能让更多的球迷感觉这是他们的球队。" 埃瓦尔俱乐部主席阿兰萨瓦尔这样评价"众筹"的意义和价值。

其实，为西班牙球队费劲送钱的同时，这些球迷大多数并不清楚作为埃瓦尔的小股东有何权益，他们并不在意，也没人把这视作金融投资；他们的想法很单纯——"'你的梦想也是我的梦想'，既然梦想只差一点点，就帮他一把。" 就这样，埃瓦尔这个并不富裕的小俱乐部最终依靠互联网和众筹的力量保级成功。

活动众筹：黑马运动会

2014 年 3 月，发生了一件惊动中国创业界的大事，这源于由北京创业家传媒主导的黑马运动会，这场被称为"史上最不靠谱的运动会"调动了中国商界能够调动的最活跃的力量，让 3000 个创业者与投资人为之疯狂。而这场运动会的主题就是众包与众筹，是一个非常经典的众筹案例。

事情要追溯到 2014 年 2 月 24 日晚，创业家传媒通过微博号召发起了中国创业界的首个运动会。这次运动会吸引了包括任志强、蒋锡培、周鸿祎、姚劲波、王长田在内的一干大佬的参与，而众多读者、黑马营学员、黑马会会员的转发使得这则消息迅速升温成为当天的热门事件。

本次运动会众筹渠道主要是新浪微博、微信，内容包括领队、参赛队员、拉拉队、资金赞助乃至比赛项目和规则。

以资金为例，出资者有两种选择额度：500 元和 3000 元。出资 500 元，可获得集体用餐、交通费用；出资 3000 元，则可享受相关创业服务。而各团筹到钱后，会用于场地、费用、组织、服务等支出，剩余部分作为运动会的奖金。

截至 2014 年 2 月 24 日晚上 12 点，已经有 2000 多人报名参加这次运动会，连国际车企克莱斯勒在新浪微博上都表示要赞助！

2014 年 3 月 29 日下午，第一届黑马运动会在北京航天航空大学体育馆成功举行。共有数十位行业大佬、知名创业家和近 3000 位创始人通过捐钱、捐物，亲身参与的方式全力支持了这次运动会。这次运动会分为思想运动会和体育竞技两个部分，因此被创业者亲切地称为"黑马两会"。而所有的参会者在创业家传媒的协调下，依据所属行业的不同，被划分在八个不同的代表团里，开展纵向横向的紧密交流，开展公平的对内对外竞争。

3000 创业者规模的运动会在不到一个月的时间里，由不靠谱变为靠谱，简直是个奇迹，从团长，到副团长，到运动员，到队员，甚至到裁判和摄影，一步步走来，都是"众包、众筹、众享"实现的。

这是史上首个用"互联网思维"举办的运动会，它的成功有以下几点原因。

第一，主办方的名气。创业家传媒通过 5 年的积累，在创业者社群中积累的一定口碑和知名度。

第二，众包力量。本次运动会由数十位行业大佬、知名创业家和近 3000 位创始人通过捐钱、捐物支持，体现了创业家及黑马会员人脉资源的力量。

第三，运动题材。每年举行的创业者领域各类峰会论坛很多，而这次创业家传媒另辟蹊径，主动开创不同的议题，选择了最好的凝聚人的办法，组队竞赛，实属首创。

第四，环节设计。根据不同行业，组建不同的团队，开展各种竞争。

附：2014 黑马运动会的众筹规则

一、"众筹"规则

（1）2014 年 3 月 29 日晚上运动会主场及筹备等承办成本由《创业家》黑马运动会组委会承担。

（2）每个团"众筹"资金应不少于 30 万元，其中 12 万元交付组委会奖金池，作为运动会奖金。剩余部分用作本团队运营经费。组委会将统一返回给各团指定账户。

（3）"众筹"额分为 2 档。500 元，3000 元。参与众筹的人员必须是创始人，如果发现不是创始人，组委会将核实后 3 天内退款，并取消众筹人相应参与运动会的资格。

（4）每团自行运营经费需承担 28 日晚上、29 日上午及下午的各项活动的运营费用。包含场地、餐饮、会场布置、会议资料等费用。

（5）每个代表团超募（超过 30 万）的资金，转为代表团所在行业分会后续活动经费。

（6）在"众筹"说明的规则及框架下，各团自行决定"众筹"运营方法。但，收款和报名必须统一使用组委会给予的标准报名链接。

二、"众筹"爱的回报

1．出资 500 元爱的回报

运动会期间的集体餐饮（28 日晚、29 日中午、29 日晚三餐）、论坛会场间集体交通费用。

2．出资 3000 元爱的回报

（1）黑马会会员一年会籍资格。

黑马会是中国最活跃的创始人组织，目前已有 1000 位各行业创业者会员。这是一个行业资源对接平台，行业趋势的交流平台。能够帮助您的机构和人都在这里，天使、VC、园区、大佬、媒体都在这里，这里有您成长所需的一切，就差您了。来吧！和老牛一起涉黑。

加入黑马会有什么好处？

Ⅰ．一个带有编号的黑马会员号。

Ⅱ．参加线上每月的黑马日——"师兄帮帮我"，几十位黑马大师兄提供最直接最便捷的答疑体验。

Ⅲ．在 i 黑马网为您主动建立户头，我们的 20 位记者全雷达主动关注您公司动态。

Ⅳ．不定期线上举办"黑马私奔会"，资源对接，投融资对接，私享会，私人董事会等。

Ⅴ．作为主人翁，参加《创业家》年度年会及部分邀约的线下活动。

Ⅵ．老牛的一次拥抱。

（2）运动会期间的集体餐饮（28 日晚、29 日中午、29 日晚三餐）、论坛会场间集体交通费用。

（3）价值 2000 元的《创业家》杂志边栏广告机会 1 次。

三、竞赛奖金回报

1．项目路演奖金回报

注：参加思想运动会项目路演赛，必须为黑马会会员，并在本次运动众筹活动中捐款 3000 元以上（含 3000 元）。

冠军奖金 1 名：15 万元

亚军奖金 1 名：10 万元

季军奖金 1 名：5 万元

2．体育竞技奖金回报

注：本项奖金由本团团长、副团长、执委与本团团员协商后决定用途。

冠军代表团 1 个：36 万元

亚军代表团 1 个：20 万元

季军代表团 1 个：10 万元

3．奖项荣誉回报

黑马运动会优胜参赛代表团的每一位创业者都将获得相应的金银铜牌，团队则获得冠亚季军奖杯。

注：为参加黑马运动会，所产生的个人住宿和交通及其他个性费用由个人自行承担。

理财众筹：爱情保险火了

2013 年 11 月 11 日，长安责任保险公司携手众筹网共同推出新品——众筹爱情保险。

项目目标是 9 天内众筹 1 万份爱情保险。每份爱情保险价值 520 元，取自"我爱你"之意。5 年后投保人凭与投保时指定对象的结婚证，可领取每份 999 元的婚姻津贴。凡 18 ~ 36 周岁的情侣，无论未婚或已婚均可购买爱情保险，每人限购 5 份（情侣和夫妻之间不可重复购买）。

另外，为回报众筹用户参与爱情保险的热情，凡在活动期间支持参与爱情保险的用户，众筹网将为每份保险赠送 20 元保费，即用户购买保险只需支付 500 元，期满后 999 元婚姻津贴不变。

该项目上线后，迅速成为年轻男女追捧的爆款理财产品。到项目结束为止，成功获得 6459 位支持者，筹得 6211933 元爱情保险基金，突破 1 万份。

值得一提的是，该项目从 10 月 30 日产生初步想法到 11 月 11 日上线，仅仅用了 12 天的时间就完成了一款保险从设计到投入市场的全过程。而且在此期间，众筹网还通过官网、官博、官方微信、线下发布会、线上预约等一系列的渠道对爱情保险进行了曝光宣传。例如，众筹网官网首页头图连续推荐；众筹网官网举办预约爱情保险送 29 元代金券，从预约用户中抽选送 520 元爱情保险卡的活动，该活动短短一周便赢得了近 3000 人的参与；众筹网官方微博也举办了 # 光棍节微爱行动 #，转发爱情保险，赢北海道双飞机票、iPadmini 等活动，在一段时间内"众筹网官方微博"关注度呈几倍增长。另外，在爱情保险上线前，众筹网联合长安责任保险公司还举办了"爱情保险上线发布会"，及时向关注爱情保险的媒体、业界同仁曝光爱情保险的最新动态。

爱情保险就像众筹网与长安联合空投的一颗原子弹，很快在互联网、保险业界、网友中爆炸升温，引发全网的连锁反应。

从爱情保险项目中，我们可以总结出几条经验，可供更多关注互联网金融、金融众筹的朋友们思考。

1. 产品有创意。众筹的项目有新意、有创意，就能吸引人来参与。如爱情保险，从爱情的角度策划了 520 元换 999 元的构想，符合好玩、新奇、创意的规则。

2. 以用户为核心。得用户者得天下，爱情保险上线之初想用户所想，力求消除对用户购买有影响的障碍因素。为让有情人能够顺利便捷地买到这款产品，考虑到很多银行卡网上支付上线只有 500 元，众筹网先行拿出 20 元作为给用户的补贴，满足用户支付的需要。后与长安商量，把 20 元作为给众筹网的渠道费用，最后把费用返还给用户。众筹网为用户做了一次真真正正的奉献，在行业中可谓非同凡响。

3. 速度为王。这是互联网时代的制胜秘诀，而速度也同时考验一个公司的协调决策反映能力和流程的完善。比如，爱情保险从构思到上线，仅仅用了 12 天的时间，这不能不说是个传奇。

4. 整合传播。当今是信息社会，纸媒、电视、广播、网络、QQ、微信等都是常见的传播渠道，要学会利用这些媒体资源做宣传。爱情保险这个概念提出之后，众筹网通过多种手段对爱情保险进行了整合宣传，包括召开媒体发布会，主动向外界详解爱情保险的方方面面，众筹网和众筹模式迅速走进大众的视线，获得了非常棒的宣传效应。酒香也怕巷子深，互联网时代尤其需要传播。

附录

众筹大记事

2001 年，众筹网站 ArtistShare 开始运营，标志着互联网平台众筹模式的诞生。

2007 年，ASSOB 上线，它是澳大利亚本土最大的股权众筹平台，也是世界上最大的股权众筹平台之一。

2008 年 1 月，IndieGoGo 正式上线。

2009 年 4 月，Kickstarter 正式上线，日后发展为世界上最大的众筹网站。

2011 年 1 月，全球首家股权众筹平台 Crowdcube 在英国诞生。

2011 年 7 月，国内首家众筹网站"点名时间"正式上线。

2011 年 11 月，国内首家股权众筹网站"天使汇"正式上线。

2012 年 3 月，国内首家垂直类众筹网站"淘梦网"正式上线。

2012 年 4 月，美国《创业企业融资（JOBS）法案》全效，为股权众筹类网站的合法运营带来希望。

2012 年 4~5 月，智能手表项目 Pebble 获得近 6.9 万人投资，共筹集资金近 1026.7 万美元，成为 Kickstarter 上最大的成功融资项目。

2012 年 10 月 ~2013 年 2 月，国内发生美微传媒淘宝卖股份事件。

2012 年 12 月，淘星愿上线，并随后更名为淘宝众筹。

2013 年 2 月，众筹网正式上线，如今已经成为国内最大的众筹平台之一。

2013 年 7 月，京东众筹宣布上线。

2013 年 5 月，英国第一家获得 FCA（金融行为监管局）批准的 Seedrs 众筹平台上线。

2014 年 2~7 月，西班牙足球俱乐部埃瓦尔通过众筹保级成功，这是第一个求助于众筹的足球俱乐部。

2014 年 3 月 26 日，阿里巴巴数字娱乐事业群宣布推出娱乐宝，用户出资 100 元即可投资热门影视作品，预期年化收益率 7%。

2014 年 5 月 28 日，全球众筹峰会（2014）在北京举行。

2014 年 8 月，国内首家众筹网站"点名时间"宣布放弃众筹模式，转型为"限时预售"平台，未来将专注做智能硬件的首发模式，转向电商。

2014 年 8 月 12 日，众筹空间上线轻松筹。轻松筹主打两个概念：社交众筹和轻众筹。社交众筹，即发起人面向自己的社交圈（如微信、微博、QQ、通信录等）发起众筹项目。轻众筹的概念则指的是众筹项目相对轻量。

2014 年 9 月 22 日，"三个爸爸"智能空气净化器京东众筹上线，半小时就做了 50 万元，两个小时 100 万元，10 月 22 日筹了 1122.6 万元。这个项目也成为了京东众筹上线以来首个千万资金级别的项目。

2014 年 10 月，联筹网上线。作为国内首个文化创意平台，联筹网除了孵化众筹项目获取商业价值外，更为项目添加了一份情怀。

2014 年 10 月 31 日，爱合投、大家投、云筹、贷帮、众筹帮、爱创业、人人投、天使街、银杏果等九家众筹平台共同发起股权众筹行业联盟，并签署《众筹行业公约》。

2014 年 11 月 19 日，国务院常务会议首次提出，"要建立资本市场小额再融资快速机制，开展股权众筹融资试点"的观点，决定进一步采取有力措施、缓解企业融资成本高问题。

2014 年 12 月 1 日，浦发银行官方宣布，该行信用卡中心确认参与出品徐峥《港囧》，同时浦发银行将筹建"小浦娱乐"众筹平台，全面试水电影、电视剧、话剧、演唱会等各类娱乐项目领域。

2014 年 12 月 18 日，中国证券业协会公布了《私募股权众筹融资管理办法（试行）（征求意见稿）》。作为第一部涉及众筹行业的监管规则，《办法》就股权众筹监管的一系列问题进行了初步的界定，包括股权众筹非公开发行的性质、股权众筹平台的定位、投资者的界定和保护、融资者的义务等。

2015 年 3 月 31 日，京东宣布正式推出股权众筹平台。京东股权众筹将采取"领投加跟投"的模式，帮助创业企业解决融资难的问题，其次

是在法律环境允许下，依法合规地帮助更多人分享风险投资的收益。

2015年4月1日，齐鲁股权托管交易中心（简称"齐鲁股交中心"）泰安运营中心正式成立，成城物联、晓东经贸等泰安市5家企业成功挂牌，正式登陆齐鲁股权资本市场。同时，160家泰安企业登陆齐鲁股交中心综合展示平台。

2015年4月20日，第十二届全国人民代表大会常务委员会第十四次会议上，全国人大财经委员会推出《证券法》修订草案，正式提出股票发行注册制改革的同时，允许互联网等众筹方式公开发行模式亦被草案所提议。

2015年4月23日，苏宁金融集团旗下苏宁众筹正式上线。

2015年5月12日，首例股权众筹纠纷案由北京市海淀法院受理。此案为民事合同纠纷案件，原告是北京诺米多餐饮管理有限公司，被告为北京飞度网络科技有限公司。该案中，原被告双方均认为对方合同违约并主张民事赔偿。

2015年6月6日，首届中国众筹节以"众筹+梦想，引领众筹未来"为主题开启中国众筹行业先河。

2015年6月12日，蚂蚁金服在上海成为首个获得工商登记确认的股权众筹企业，其营业执照编号为"001"，其推出的股权众筹平台命名为"蚂蚁达客"。

2015年6月15日，国美在线众筹平台宣布正式上线。

2015年6月24日，真格宣布上线真股众筹平台，定期从真格已投企业中挑选优质的创业公司，向其铁杆用户出售"真股"，用户投几百元钱后，就能成为这家创业公司的"早期投资人"。

2015年6月30日，我国第一批公募股权众筹试点平台已经确定。除了获得"公募"的许可证外，京东金融的"东家"、平安集团旗下的深圳前海普惠众筹交易股份有限公司，以及蚂蚁金服的"蚂蚁达客"这三家众筹平台已经在对接中国证券登记结算有限公司的系统。

2015 年 7 月 18 日，由中国人民银行联合十部委推出的《关于促进互联网金融健康发展的指导意见》，规定股权众筹融资业务受证监会监管，并定义为通过互联网形式进行公开小额股权融资的活动，股权众筹融资方应为小微企业。

2015 年 7 月 30 日，中科招商集团设立的"云投汇"股权众筹平台正式上线。

2015 年 8 月 7 日，中国证监会下发了《关于对通过互联网开展股权融资活动的机构进行专项检查的通知》，该通知表示未经国务院批准任何机构或组织不得开展股权众筹，同时证监会决定近期对通过互联网开展股权融资中介活动的机构进行专项检查。

2015 年 8 月 8 日，众筹网站"阿甘众筹"正式发布。

2015 年 9 月 20 日，中科招商旗下互联网非公开股权融资平台"云投汇"斥资 100 亿元云投基金打造的"明星领投人计划"正式发布。

2015 年 9 月 24 日，继百度消费众筹平台正式上线之后，雕爷牛腩将作为京东"东家"消费板股权融资的第一个融资项目正式上线，此举吹响了京东将参与消费板股权众筹战役的号角。

2015 年 10 月 15 日，在主题为"进化"的 2015 蚂蚁金服分享日上，蚂蚁金服宣布领投 36 氪，以战略投资的方式入股 36 氪，并向 36 氪全面开放在线支付、私募股权融资、技术、云计算等多个领域模块，双方共同推进创业生态服务发展。除蚂蚁金服外，华泰瑞麟（华泰证券旗下TMT 基金）及经纬中国跟投。

2015 年 10 月 17 日，由中关村创新创业季组委会、创业家集团等主办的"中关村创新创业季——2015 众筹元年（互联网私募股权融资发展论坛）"在北京辽宁大厦举行。

2015 年 10 月 24 日，2015 世界众筹大会在贵阳开幕，大会以"世界为你我众筹——众联、众创、众包、众享，大众创业、万众创新"为主题。围绕"创业、创新、创客"，旨在搭建一个各行业领筹人、交易商、服务商、

天使投资人及广大创客和创业者交流的平台。

2015 年 11 月，美国对《JOBS》法案进行了增改，首次允许普通投资者通过股权投资创业公司，并下调了股权融资企业的信息披露要求。

2015 年 11 月 12 日，在人民银行广州分行的指导下，广东"互联网 + 信用三农"众筹项目正式启动。